Vidas en transición

Vidas en transición

Serafín Contreras Galeano

Ministerio Renuevo de Plenitud

Serafín Contreras Galeano
Ministerio Renuevo de Plenitud

Vidas en transición
Serafín Contreras Galeano
Dirección: Correo Argentino - Casilla Postal 25 (1642) San Isidro (BA) Argentina
E-mail: *serafin@contrerasg.com*

1ra. Edición mayo de 2011

Correctora: Laura Bermúdez, *www.aljabaproducciones.blogspot.com*
Diseño de interior y tapa: *e.disenio@gmail.com*

Número de Control de la Biblioteca del Congreso de EE. UU.:		2012915576
ISBN:	Tapa Dura	978-1-4633-3762-9
	Tapa Blanda	978-1-4633-3760-5
	Libro Electrónico	978-1-4633-3761-2

Para pedidos de copias adicionales de este libro, por favor contacte con:
Palibrio
1663 Liberty Drive
Suite 200
Bloomington, IN 47403
Llamadas desde los EE.UU. 877.407.5847
Llamadas internacionales +1.812.671.9757
Fax: +1.812.355.1576
ventas@palibrio.com
424679

DEDICATORIA

Este libro ha estado en mi mente y corazón por varios años. Finalmente he decidido terminarlo, enviarlo a la imprenta y convertirlo en libro electrónico y audio libro. Está dedicado a todos aquellos que se atrevieron a abrirme su corazón en las transiciones de su vida o cuando se sintieron estancados y no supieron qué rumbo tomar.

Por supuesto, también está dedicado a mi amada esposa quien se atrevió a acompañarme en las transiciones más fuertes de mi vida y me brindó un apoyo incondicional.

A mis tres hijos, Gary, Grismar y Rebecca, quienes también me acompañaron; pero, sobre todo, por estar dispuestos a aceptar en el año 1989 la transición que marcó la gran diferencia en la vida de toda la familia, cuando acepté el llamado de Dios de salir de nuestros país, Venezuela, para ir a Nicaragua en los días finales de la guerra interna.

Está dedicado también a todos aquellos que pronto enfrentarán una nueva transición, y se atreverán a dar pasos de fe luego de leer este libro. Que Dios sea quien los tome de la mano; que al terminar de leerlo puedan decir lo que dijo el Salmista en el Salmo 23: *"Aunque ande en valle de sombra de muerte (…) tu vara y tu cayado me infundirán aliento"*.

Con amor, en plena transición,

Serafín Contreras Galeano

Acerca del autor

Serafín Contreras Galeano es venezolano. De profesión radiodifusor. Fue director durante diez años de la Radiodifusora Cultural del Táchira, en Venezuela. Ha trabajado en radio, como productor y locutor, por treinta años.

Se graduó de Licenciatura en Ministerio en el Seminario Cuadrangular de Venezuela, y de Misiones y Educación Cristiana en el Seminario ESEPA, de San José, Costa Rica.

Es Bachiller en Teología de la Universidad Nazarena de San José, en Costa Rica. Master en Educación Continua en Consejería Bíblica y Master en Ministerio del Master International Divinity School College de Indiana. Es Doctor en Estudios Bíblicos en el Master International Divinity School de Indiana.

Es miembro del Comité Ejecutivo de la Conferencia Mundial Pentecostal y de la Asociación Americana de Consejeros Cristianos.

Posee un Certificado en Ministerio a Matrimonios que Funcionan y Sexualidad Saludable del Light University de American Asociation Christian Counselors. Y es Agente en Psicología Pastoral.

Fue pastor por veintiún años en la Iglesia Cuadrangular de Venezuela; Misionero de Foursquare Mission International por más de veinte años y, actualmente, es Misionero de Área para el Cono Sur.

Vive, junto a su esposa Alva, en Buenos Aires, Argentina.

CONTENIDO

INTRODUCCIÓN

La vida es una transición continua. Luego de pasar nueve meses en el vientre materno, disfrutando de lo cálido y suave, lejos de ruidos y presiones; un día, somos sacudidos por la primera transición, que nos expulsa y obliga a abrirnos paso por un canal oscuro y estrecho, hasta que quedamos expuestos al primer rayo de luz intensa y al primer golpe en la vida que nos hace llorar. Hemos entrado a otra esfera.

La vida no es estática, sino dinámica. Todo cambio es doloroso o estresante; si no entendemos esta realidad podemos frustrarnos, estancarnos o fosilizarnos. La familia, la comunidad o la iglesia, sin duda, saldrán afectadas y la dinámica de ser un equipo triunfante o un ejército victorioso se verá profundamente perjudicada.

Asumimos de manera equivocada muchas de las transiciones de la vida al no comprenderlas. Es indispensable entender los principios básicos, los fundamentos, la antesala y los resultados de las transiciones en el servicio. Es un reto con profundas satisfacciones. La disposición a entrar en transiciones será nuestro desafío final.

Al trabajar con el liderazgo, padres de familia y empresarios latinoamericanos por más cuarenta años, a menudo he observado en algunos casos ignorancia, y en la mayoría, indiferencia. Es mi deseo que estas reflexiones, que primero fueron personales y luego, exposiciones compartidas con líderes, hoy puedan llegar al cuerpo de Cristo de América Latina y a los hispanos en Estados Unidos.

Capítulo 1

Vidas en transición equivocada

El siervo, primeramente, es siervo por naturaleza; es un asunto de lo que es, no de lo que hace.

–Tom Marshall

Como ustedes saben, entre los paganos los jefes gobiernan con tiranía a sus súbditos, y los grandes hacen sentir su autoridad sobre ellos. Pero entre ustedes no debe ser así. Al contrario, el que entre ustedes quiera ser grande, deberá servir a los demás; y el que entre ustedes quiera ser el primero, deberá ser su esclavo. Porque, del mismo modo, el Hijo del hombre no vino para que le sirvan, sino para servir y para dar su vida en rescate por una multitud.

–Mateo 20:25-28

Observemos algo sobre los gansos; ellos nos enseñan la importancia de movernos en las transiciones del liderazgo sin sentirnos amenazados.

La próxima temporada cuando veas a los gansos emigrar dirigiéndose hacia un lugar más cálido donde pasar el invierno, fíjate que vuelan en forma de V. Tal vez te interese saber por qué lo hacen de esa manera. Es que, al batir sus alas, cada ave produce un movimiento en el aire que ayuda al ganso que va detrás. Volando en V, la bandada de gansos aumenta, por lo menos, un 71% más su poder de vuelo, en comparación con un ave que vuela sola.

Las personas que comparten una misma dirección y tienen sentido de comunidad, pueden llegar a cumplir sus objetivos con mayor facilidad y rapidez; porque, ayudándose entre ellos, los logros son mejores.

Cada vez que un ganso sale de la formación, siente inmediatamente la resistencia del aire; se da cuenta de la dificultad de hacerlo solo y rápidamente vuela a la formación para beneficiarse del compañero que va adelante.

Si nos unimos y nos mantenemos junto a aquellos que van en nuestra dirección, el esfuerzo será menor. Será más sencillo y placentero alcanzar las metas.

Cuando el líder de la manada se cansa, pasa a uno de los lugares de atrás y otro ganso toma su lugar.

Los hombres obtenemos mejores resultados si nos apoyamos en los momentos difíciles, si nos respetamos mutuamente en todo tiempo compartiendo los problemas y los trabajos más dificultosos.

Los gansos que van detrás graznan, así alientan a los que van adelante para mantener la velocidad.

La palabra de aliento a tiempo ayuda, da fuerza, motiva, produce el mejor de los beneficios.

Finalmente cuando un ganso se enferma o cae herido por un disparo, otros dos salen de la formación y lo siguen para apoyarlo y protegerlo.

Si nos mantenemos uno al lado del otro, apoyándonos y acompañándonos; si hacemos realidad el espíritu de equipo; si pese a las diferencias podemos conformar un grupo humano para afrontar todo tipo de situaciones; si entendemos el verdadero vuelo de la amistad y el liderazgo; si somos conscientes del valor de compartir, la vida será más simple y el vuelo de los años más placentero.

La amenaza que muchas personas sienten ante las transiciones tiene su raíz en un asunto de concepto y de operación. Puede que surja confusión cuando no se comprende lo que significa vivir plenamente y, por inercia, se viva enfocado exclusivamente en lo que se hace. Jesús notó que el espíritu de servicio se estaba rompiendo cuando sus discípulos discutieron acerca de quién sería el mayor, o cuando una madre le pidió que sus hijos estén uno a su derecha y el otro a su izquierda; por eso, con firmeza y prontitud, alzó su voz y estableció una gran diferencia entre los gobernantes del mundo y los siervos de Dios.

En este tiempo se nos acabó el espíritu de servicio y tenemos muchos "actores" y "protagonistas". En lugar de reencontrar el servicio, hemos comprado del sistema de este mundo la herramienta novedosa, entusiasta y deslumbrante del protagonismo.

Diez principios básicos del espíritu de servicio en la transición

1. Existo para servir

"No vine para ser servido, sino para servir", es la declaración del Señor de señores y Rey de reyes. Toda su vida y su ministerio estuvieron enmarcados dentro de ese patrón.

Aunque existía con el mismo ser de Dios, no se aferró a su igualdad con él, sino que renunció a lo que era suyo y tomó naturaleza de siervo. Haciéndose como todos los hombres y presentándose como un hombre cualquiera, se humilló a sí mismo...

–FILIPENSES 2:5-8

13

Al observar el liderazgo político, sindical, comercial o educativo de nuestro mundo, y a veces a la familia, encontramos que en esencia todos buscan ser servidos, pero no servir. Nos causa mucha tristeza cuando notamos que el espíritu de servicio se extingue en la iglesia, hogar o comunidad, y asombrados advertimos: ¡cuántos son los líderes que tenemos dentro esperando ser servidos! ¡Cuántos buscan los puestos claves porque saben todas las oportunidades y privilegios que conllevan! El escritor cristiano Tom Marshall escribió lo siguiente:

> Una de las seducciones en la que los siervos fácilmente pueden sucumbir es la de usar el poder, y las cosas a las que tienen acceso, para sus fines personales. Muy pronto esto incluye utilizar a la gente para fines egoístas. El fin puede tomar la forma de ganancia monetaria o material.

Todos los que proceden de esta manera tienen algo en común: son líderes para la autogratificación. Mientras las ovejas buscan ser atendidas, los líderes olvidan el llamado del Señor, que ha sido, es y será *el servicio*. "Invierta en este ministerio fértil" es el lema del momento, para encontrar el apoyo a su propia gratificación.

El profeta Ezequiel proclamó el mensaje de Dios cuando dijo:

> ¡Ay de los pastores de Israel, que se cuidan a sí mismos! Lo que deben cuidar los pastores es el rebaño. Ustedes se beben la leche, se hacen vestidos con la lana y matan las ovejas más gordas, pero no cuidan el rebaño. Ustedes no ayudan a las ovejas débiles, ni curan a las enfermas, ni vendan a las que tienen una pata rota, ni hacen volver a las que se extravían, ni buscan a las que se pierden, sino que las tratan con dureza y crueldad.
>
> –EZEQUIEL 34:2

2. Existo para ser modelo, no para figurar

"Luz, cámara... ¡acción!", todo eso rodea al protagonista. Es el que aparece en la primera página del periódico, el asediado por los reporteros de radio y televisión, el artista público, el que convoca ruedas de prensa para dar la impresión de que tiene todo bajo control. Lo más importante es la imagen pública, cuidar el "qué dirán" y mantener la fachada bien delineada y pintada, con la figura que el público quiere y anhela. El siervo no fue hecho para figurar; fue creado y llamado para ser un *modelo* de la obra de Dios en la vida de un hombre. El pueblo ya se cansó de las palabras vacías y las fachadas preparadas, y está buscando modelos. Espera en los seguidores de Dios el reflejo de la pureza, el amor, el sacrificio y la dedicación de Cristo. Quiere ver cómo es la vida de un hombre que puede decir como Pablo: *"Sed imitadores de mí, así como yo de Cristo".* Jesús es nuestro modelo perfecto; Él se colocó delante de nosotros, y a Él debemos seguir.

3. Existo para reproducirme, no para perpetuarme

El pastor *X* fue líder nacional de una denominación durante dieciséis años; en ningún momento pensó que llegaría el día cuando Dios le pediría su cargo. Durante esos dieciséis años no preparó a nadie para que lo substituyera. Cuando llegó la Convención Nacional, los delegados y pastores escogieron un nuevo líder. El corazón de *X* se llenó de amargura y resentimiento, la Convención fue para él un golpe bajo, y la historia terminó con una división en la denominación. ¿Le suena familiar? Claro que sí, estas historias abundan, porque el espíritu de servicio se ha desintegrado. Recordemos que hemos sido llamados para reproducirnos en otros y no, para perpetuarnos. Que nuestro corazón sea como el de Juan el Bautista quien dijo: *"Es necesario que él crezca, pero que yo mengüe"*.

Existimos para cultivar, ayudar y edificar el ministerio de los creyentes, hasta que llegue el momento en que la iglesia, negocio o proyecto no precise más de nosotros.

Mi meta es ver que en cada vida en particular se desarrolle un ministerio; que los creyentes maduren hasta el punto que no me necesiten. Si los estoy alimentando, van a crecer en la vida cristiana hasta que no necesiten más de mí para sobrevivir espiritualmente; entonces, tomaré mi maleta y partiré hacia otro lugar donde pueda comenzar a reproducirme nuevamente.

Como padres, estamos llamados a invertirnos en los hijos, de tal manera que puedan lanzarse en el mar de la vida por sí mismos, sin nuestra protección.

La reproducción es clave en el servicio, así como la perpetuidad es clave en el protagonismo. El mejor ejemplo de esto lo tenemos en el Señor Jesús, quien no pensó en perpetuarse aquí en la tierra, sino en reproducirse. Por ello llamó a los doce discípulos y, luego de formarlos, los envió. Más tarde, cuando resucitó, se negó a quedarse en una transición equivocada, y decidió partir para que sus discípulos pudieran desarrollarse. El apóstol Pablo pudo decir: *"Lo que has oído de mí… esto enseña"*.

La habilidad de un líder no es hacer algo, sino reproducir algo, reproducirse en alguien. Reunir gente no es lo fructífero, porque los payasos reúnen gente en los circos y los políticos en las plazas; lo fructífero es reproducirse en alguien.

—SERAFÍN CONTRERAS GALEANO

4. Existo para ser lleno del Espíritu Santo, no para ser lleno de mí mismo

Todos estamos llenos de algo o de alguien... *"Sean llenos del Espíritu Santo"* es un imperativo que no ha perdido vigencia. Qué frustración hay en el corazón de muchos creyentes cuando ven que sus líderes están llenos de orgullo, vanidad, ideas propias y proyectos humanos; pero qué satisfacción inunda el corazón de una iglesia cuando observa que sus ministros están llenos del Espíritu Santo. En la Iglesia Primitiva, para ocupar cargos , un requisito primordial era *ser lleno del Espíritu Santo.*

El apóstol Pablo, en Efesios 5:18-21, describe cómo es una persona llena del Espíritu, y dice que primeramente demuestra su llenura en la forma de hablar (v. 19a), seguido de una vida de adoración (v. 19b) y agradecimiento (v. 20), finalmente, en una vida de sujeción (v. 21), que se nota especialmente en las relaciones de hogar y trabajo.

La vida de un siervo lleno del Espíritu Santo se ve; la vida de un líder lleno de sí mismo también se ve.

5. Existo para orar, no para simplemente hablar

Cuando una persona vive en el santuario de la oración se percibe el aceite fresco de la presencia del Rey. Lo que más hacía el liderazgo de la Iglesia Primitiva era orar. Hechos 3 nos muestra a dos hombres que marchan al templo a orar; Hechos 4, a un grupo de hijos de Dios que claman en oración y todos son llenos del Espíritu Santo; en Hechos 5 el pueblo y los líderes oran y son libres del temor; en Hechos 6 los líderes deciden que se deben concentrar en la oración y el ministerio de la Palabra.

¡Aleluya! Los siervos saben que fueron llamados para orar...
Oran cuando todo está bien... y oran cuando todo parece ir mal.
Oran en el conflicto y en la felicidad. Saben que el motor de sus
ministerios sólo funciona con el combustible de la oración.

—Serafín Contreras Galeano

Cuando los siervos se convierten en líderes, se olvidan y sustituyen la oración por el hablar. Hablan en las mesas directivas; hablan en los púlpitos; hablan en las convenciones y congresos; hablan y sólo hablan. Las alabanzas al Padre son sustituidas por las autopromociones; las oraciones de autoridad contra Satanás, por los argumentos y discusiones de asambleas. El síndrome de Diótrefes ya ha tocado a muchos siervos que olvidaron el llamado a la oración para convertirse en líderes de palabras.

Pero Diótrefes no acepta nuestra autoridad porque le gusta mandar. Por eso, cuando yo vaya le llamaré la atención, pues anda contando chismes y mentiras contra nosotros.

—3 Juan 1:9-10

El servicio sin oración sólo abre la puerta para la discusión.
El servicio que proviene de la oración es el canal para
una explosión, ¡pero una explosión de vida!

—Serafín Contreras Galeano

6. Existo para solucionar problemas, no para crearlos

Llegué al banco porque necesitaba solucionar un problema con mis cuentas. Hablé con la receptora de servicio al cliente y me dijo: "No podemos hacer nada"; pedí hablar con el supervisor y fue en vano, me dijo lo mismo; hable con el subgerente, y fue igual. Frustrado, ya salía del banco, cuando un joven, que simplemente estaba afuera tratando de ubicar a los clientes, se me acercó y me preguntó qué necesitaba. Con atención me escuchó y me dijo: "Déme toda su documentación que vamos a solucionar su problema", y en cuestión de quince minutos me dijo: "Su problema ya no existe, discúlpenos". Le di mi mano, y me dije: "Llegará lejos en la vida porque es la única persona acá que me ha atendido con la filosofía de que existimos para solucionar problemas y no para crearlos".

Vemos a los líderes políticos intentando solucionar problemas pero, cuando lo hacen, es demasiado tarde, la decisión que tomaron los lanzó a un callejón sin salida, el problema se ha acrecentado. Los encontramos dando declaraciones en la radio y la televisión. Quieren encontrar a un culpable que no sean ellos... sino los anteriores. O, simplemente, ignoran los problemas. Ese es el panorama de hoy. El siervo es consciente de que fue puesto para solucionar problemas y, como su vida está impregnada de oración, sabe ir al Padre antes de tomar decisiones. Busca el rostro del Señor de la Iglesia y de Él recibe la orientación; con sabiduría y amor aplica la solución.

No hay problema sin una respuesta de la mano de
Dios; el siervo lo cree, lo sabe y lo hace.

—Serafín Contreras Galeano

---

7. Existo para enseñar, no para manipular

Que sea *"apto para enseñar"* esa es la norma en la Palabra de Dios para los que anhelan ministerios claves en la iglesia, trabajo o comunidad. El siervo sabe que ha sido puesto para enseñar al pueblo *"todo el consejo de Dios"*, como dijo Pablo. Los creyentes han llegado golpeados, heridos y sacudidos por el pecado, y ahora forman parte de la Iglesia, pero el siervo recuerda las palabras de su Maestro:

> Vayan pues a las gentes de todas las naciones, y háganlas mis discípulos (...) y enséñenles a obedecer todo los que les he mandado a ustedes.
> —MATEO 28:19-20

Cuando los siervos pierden el corazón de *servidores* se vuelven *líderes manipuladores*. Son ellos los que deciden, y el pueblo no tiene oportunidad de expresarse en cuanto a lo bueno y lo malo. Se puede manipular abiertamente o se puede manipular sutilmente, pero todo lo que le roba al pueblo la oportunidad de expresar o disentir, va por el camino de la manipulación.

Como el padre enseña a su hijo para que un día enfrente la vida por sí mismo, existimos para enseñar al pueblo a caminar en el sendero intrincado de este mundo, siendo luminaria en medio de las tinieblas.

¡Manipulación es cuando se mueve al pueblo para beneficio propio, liderazgo es cuando se mueve al pueblo para beneficio de él mismo!

8. Existo para ser transparente, no para ocultar

Los encontramos en todas partes, la preocupación constante es ocultar; porque cuando los problemas y las fallas se exponen, muchos tienen temor de perder credibilidad y que se dañe su reputación. "Si es necesario mentir... mentiremos", parece decir el protagonista en lo profundo de su corazón. Los encontraremos discutiendo en las mesas de reunión: "¿Cómo podemos ocultar esto? El pueblo no debe saberlo". Los siervos saben que la transparencia es un elemento importante en el servicio cristiano; a Dios no podemos engañarlo y tampoco al pueblo; el pueblo percibe cuando ocultamos algo. La gente *no pide perfección, sino honestidad.* El siervo que es honesto y transparente contará con el apoyo del pueblo y la bendición del Señor.

En muchos lugares de nuestra amada América Latina encontramos creyentes heridos porque han visto a sus líderes siendo artistas en el género del ocultamiento. Líderes religiosos, políticos o educacionales que son trasladados de ciudad en ciudad, porque sus autoridades quieren ocultar lo que es visto abiertamente por el pueblo: mal manejo de dinero, problemas morales, conflictos familiares serios, y la única solución que encuentran, en vez de la restauración con seguimiento y amor, es el ocultamiento y confabulación de los dirigentes. Dios quiere que comencemos a ser siervos que no ocultamos, sino que abrimos el corazón.

9. Existo para mostrar o ejercer autoridad, no para imponerla

Autoridad no es controlar. Autoridad no es imponer. Autoridad no es gritar.

—Serafín Contreras Galeano

"Dios me ha dado toda autoridad en el cielo y en la tierra", dijo el Señor Jesús. Pero esa autoridad no fue impuesta, sino que fue

demostrada en su manera de vivir. La autoridad de un líder, cuando es impuesta, destruye vidas...; para él lo más importante es el reglamento. Para el siervo lo más importante es demostrar con su vida que la autoridad le ha sido transferida, y cuando la ejerce, aunque no guste, todos saben que es necesaria.

No hay autoridad más fuerte e impresionante que la vida misma. La credibilidad, la honestidad, el carácter, son la fibra central, la médula indiscutible de la autoridad. Hoy la gente no busca tener líderes con carisma, presencia y estilo, lo que busca son siervos con una autoridad que fluye del corazón.

10. Existo para ser sumiso, no para exigir sumisión

> Señor, yo no merezco que entres en mi casa; solamente da la orden, y mi criado quedará sano. Porque yo mismo estoy bajo órdenes superiores, y a la vez tengo soldados bajo mi mando.
>
> —Mateo 8:8-9

La sumisión es clave en el servicio. El siervo sabe que para poder tener el privilegio de que otros se le sujeten, él mismo debe estar en sujeción. Es tremenda la lección dada por el centurión cuando declaró: "Creo en el poder de tu palabra, porque también tengo soldados, pero antes que eso... yo mismo soy un soldado". Muchos líderes reclaman sujeción, pero ellos mismos no saben sujetarse; mas el siervo sabe la importancia de la sujeción, porque ese es el fundamento de la autoridad.

La moda de hoy es el liderazgo independiente, sin red de apoyo ni nadie que lo evalúe. Algunos hacen redes, pero de acuerdo a su conveniencia y sin ninguna autoridad sobre ellos. La evaluación personal es vital, porque no somos perfectos, aún tenemos carne y hueso. Es urgente que los líderes modernos nos tornemos más vulnerables.

Jesús nuestro Salvador, se rodeó de una red de apoyo con sus doce discípulos. ¡Cuánto más nosotros! Hoy es vital la renovación plena en el ministerio sumiso y vulnerable.

Señor, queremos ser líderes que aceptan la transición correcta hacia el servicio. Hemos causado mucho daño a tu pueblo por movernos en transiciones equivocadas y por olvidarnos que nuestro llamado fue para ser siervos. No queremos seguir mirando tu obra a través del cristal del liderazgo mundano y enfermizo, queremos nuevamente el corazón de siervos. Sabemos que si aceptamos la transición correcta de meros líderes a siervos, la alegría volverá al corazón de tu pueblo. Perdónanos por las veces que hemos corrido tras un cargo y, en esa carrera, hemos perdido la hermosa perla del servicio. No queremos aplausos, ni votos, ni aclamaciones, ni cámaras, queremos tu aprobación y que un día podamos oírte decir: "Bien, buen siervo fiel, sobre poco has sido fiel, sobre mucho te pondré". Amén.

Reflexión

1. ¿Qué debilidades encuentro en el servicio que presto al pueblo?

2. ¿Qué tentaciones necesito vencer?

3. Esta semana me propongo hacer tres cosas para purificar mi servicio al Señor y al pueblo. Escríbelas.

4. ¿Cuál es mi red de apoyo?

CAPÍTULO 2

TRANSICIONES DE LA VIDA

Transición es parte de la vida. Transición en un nuevo
nivel. Transición es una nueva perspectiva.

—SERAFÍN CONTRERAS GALEANO

No había en el pueblo peor oficio que el de portero de un club
nocturno. Pero ¿qué otra cosa podría hacer aquel hombre? De
hecho, no había aprendido a leer ni a escribir, no tenía ninguna
otra actividad ni oficio. Un día, se hizo cargo del club nocturno
un joven con inquietudes, creativo y emprendedor, que decidió
modernizar el negocio. Hizo cambios y citó al personal para darle
nuevas instrucciones. Al portero, le dijo:

—A partir de hoy usted, además de estar en la puerta, va a preparar un reporte semanal donde registrará la cantidad de personas
que entran y sus comentarios y recomendaciones sobre el servicio.

—Me encantaría satisfacerlo, señor —balbuceó—, pero yo no sé
leer ni escribir.

—¡Ah! ¡Cuánto lo siento!

—Pero, señor, usted no puede despedirme, yo trabajé en esto
toda mi vida.

–Mire, comprendo, pero no puedo hacer nada por usted. Le vamos a dar una indemnización hasta que encuentre otra cosa. Lo siento y que tenga suerte.

Sin más, se dio vuelta y se fue.

El portero sintió que el mundo se derrumbaba. ¿Qué hacer?

Recordó que en el club, cuando se rompía una silla o se arruinaba una mesa, él lograba hacer un arreglo sencillo y provisorio. Pensó que esa podría ser una ocupación transitoria hasta conseguir un empleo. Pero sólo contaba con unos clavos oxidados y una tenaza derruida. Usaría parte del dinero de la indemnización para comprar una caja de herramientas completa.

Como en el pueblo no había una ferretería, debía viajar dos días en mula para ir al pueblo más cercano a realizar la compra. Emprendió la marcha. A su regreso, su vecino llamó a la puerta:

–Vengo a preguntarle si tiene un martillo que pueda prestarme.

–Sí, lo acabo de comprar, pero lo necesito para trabajar, porque me quedé sin empleo.

–Bueno, pero se lo devolvería mañana bien temprano.

–Está bien.

A la mañana siguiente, como había prometido, el vecino tocó la puerta.

–Mire, todavía necesito el martillo. ¿Por qué no me lo vende?

–No, lo necesito para trabajar y, además, la ferretería está a dos días de mula.

–Hagamos un trato –dijo el vecino–. Le pagaré los días de ida y vuelta más el precio del martillo, total usted está sin trabajar. ¿Qué le parece?

Realmente, esto le daba trabajo por cuatro días. Aceptó.

Volvió a montar su mula. A su regreso, otro vecino lo esperaba en la puerta de su casa.

–Hola, vecino. Usted le vendió un martillo a nuestro amigo, yo necesito unas herramientas, estoy dispuesto a pagarle sus cuatro días de viaje, más una pequeña ganancia; no dispongo de tiempo para el viaje.

El ex portero abrió su caja de herramientas, y su vecino eligió una pinza, un destornillador, un martillo y un cincel. Le pagó y se fue. Recordaba las palabras escuchadas: "No dispongo de cuatro días para compras". Si esto era cierto, mucha gente podría necesitar que él viajara para traer herramientas. En el viaje siguiente arriesgó un poco más de dinero trayendo más herramientas de las que había vendido. De paso, podría ahorrar algún tiempo en viajes.

La voz empezó a esparcirse por el barrio y muchos quisieron evitarse el viaje. Una vez por semana, el ahora corredor de herramientas, viajaba y compraba lo que necesitaban sus clientes. Alquiló un galpón para almacenar las herramientas y, algunas semanas después, con una vidriera, el galpón se transformó en la primera ferretería del pueblo. Todos estaban contentos y compraban en su negocio. Ya no viajaba, los fabricantes le enviaban sus pedidos. Él era un buen cliente.

Con el tiempo, las comunidades cercanas preferían comprar en su ferretería y ganar dos días de marcha. Un día se le ocurrió que su amigo, el tornero, podría fabricarle las cabezas de los martillos. Y luego, ¿por qué no? Las tenazas, las pinzas y los cinceles. Y luego, fueron los clavos y los tornillos. En diez años, aquel hombre se transformó, con su trabajo, en un millonario fabricante de herramientas. Un día decidió donar una escuela a su pueblo. En ella, además de a leer y escribir, se enseñarían las artes y oficios más prácticos de la época.

En el acto de inauguración de la escuela, el alcalde le entregó las llaves de la ciudad, lo abrazó y le dijo:

—Es con gran orgullo y gratitud que le pedimos nos conceda el honor de poner su firma en la primera hoja del libro de actas de esta nueva escuela.

–El honor sería para mí –dijo el hombre–. Nada me gustaría más que firmar allí, pero yo no sé leer ni escribir; soy analfabeto.

–¿Usted? –dijo el alcalde, que no alcanzaba a creer–. ¿Usted construyó un imperio industrial sin saber leer ni escribir? Estoy asombrado. Me pregunto, ¿qué hubiera sido de usted si hubiera sabido leer y escribir?

–Se lo puedo contestar –respondió el hombre con calma–. Si yo hubiera sabido leer y escribir, ¡sería el portero del club nocturno!

Generalmente los cambios son vistos como adversidades, pero las adversidades encierran bendiciones. Las crisis están llenas de oportunidades, y cambiar puede ser tu mejor opción. Recuerda la célebre frase: "Una patada siempre es un paso adelante"

La vida es un camino lleno de sorpresas. No es un camino aburrido y tedioso si logramos verlo desde la perspectiva divina. Siempre una situación agradable o desagradable puede sorprendernos y, de hecho, nos sorprende. Pero, cada una de esas sorpresas vistas como herramientas de Dios, terminan llevándonos a nuevas dimensiones y a experiencias inolvidables que dan forma a nuestro ministerio. Si pudiéramos describir la vida con una línea no podríamos dibujarla así:

Ni siquiera así:

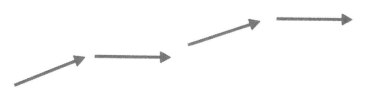

Si examinamos detenidamente toda la trayectoria de vida ministerial a la luz de las vidas de los hombres y mujeres de la Biblia, podríamos hacerla así:

Entendiendo cada quiebre de línea como *una transición.*

Una transición representa una etapa de cambio, entre una experiencia y otra, que trae como resultado un desarrollo en la vida de la persona. A menudo una transición es iniciada por un tiempo de crisis o conflicto. Esa crisis, conflicto o simplemente cambio brusco de trayectoria, puede venir cuando estamos en nuestro mejor momento en la vida, cuando las cosas van viento en popa y el barco parece abrirse camino con seguridad y triunfo ante el majestuoso e imponente mar de la vida; o puede suceder cuando nos sentimos secos, vacíos, dando vueltas en medio de un desierto y con ganas de salir corriendo sin volver a mirar para atrás.

La transición se refiere a un tiempo que surge al final de una etapa o fase de desarrollo para pasar a otra fase de nuevo crecimiento, nueva dimensión y nuevo enfoque. Puede ser el resultado de un posible cambio de asignación; conflictos continuos y repetidos; grandes desafíos al carácter o dentro de la organización en la cual estamos desempeñándonos; un encuentro con un contacto divino (una persona que en un momento crítico de nuestra vida se cruza en nuestro camino y con una enseñanza, prédica, conversación o visita dijo o hizo algo que abrió nuestros ojos, nos llevó a tomar un camino diferente, produjo un desafío en lo interno, una silenciosa y estremecedora revolución de espíritu); un entrenamiento educacional o quizás cambios bruscos dentro de la familia. Cada persona se mueve dentro de fases de desarrollo, y el cambio de fases se produce a través de líneas transicionales. Sin embargo, son muchos los que no entienden esas transiciones y, al no entenderlas, se niegan a aceptarlas. Terminan quedándose a un lado del camino, o continúan, pero rumiando su tristeza, amargura o resentimiento, culpan a la iglesia, a un familiar, a otro colega o a la organización, de haberles causado daño, y pierden de vista que Dios ha usado a esas personas, organización, situaciones y circunstancias para producir una transición en sus vidas.

Tu permanencia en la tierra es sólo un
pequeño paréntesis de la eternidad.

—Sir Thomas Browne

El fundamento de las transiciones

¿Cuál es el verdadero fundamento de las transiciones ministeriales para poder entenderlas en el horizonte de Dios? Los versículos 3 y 4 del capítulo 13 de Génesis dicen: *"Y volvió por sus jornadas desde el Neguev hacia Be-tel (…) al lugar del altar que había hecho allí antes; e invocó allí Abraham el nombre de Jehová"*. Al finalizar el capítulo 13, en el versículo 18, dice: *"Abraham, pues, removiendo su tienda, vino y moró en el encinar de Mamre, que está en Hebrón, y edificó allí altar a Jehová"*. Antes y después de la transición, Abraham edificó altar a Jehová. El altar es el único lugar donde podemos entender las transiciones que Dios trae a nuestras vidas. No hay otro sitio para comprender los cambios, los quiebres de líneas y las fronteras de las nuevas tierras. Fuera del altar de Dios terminamos mirando a las personas, circunstancias, eventos, la vida, y finalizamos culpándolos del quiebre de nuestra línea personal. En el altar de Dios los vemos como simples herramientas usadas por Él para tomarnos suavemente de la mano y llevarnos a nuevas experiencias y dimensiones ministeriales.

Cuando contemplo el tapiz tejido por Dios a lo largo de mi vida ministerial, ¡alabo a Dios por su sabiduría, misericordia y amor, y por esos maravillosos quiebres a los cuales les encuentro sentido!

Finalizaba el año 1984, cumplíamos con mi esposa dos años de haber iniciado una iglesia en el occidente de Venezuela. Habían sido dos años de intenso trabajo, evangelización, grupos familiares, células de contacto y discipulado. La iglesia había comenzado en 1982 con cinco personas y, al cabo de dos años, teníamos unas cuarenta personas. Sin embargo, el Señor, en la segunda parte de ese año, había estado hablando a mi corazón de una transición dentro de la misma iglesia. El Señor quería hacer cambios. Había llegado a esa ciudad con una experiencia pastoral de unos quince años, y todo nuestro empeño estuvo basado en esa experiencia más que en la dirección del Señor. En el segundo semestre había experimentado una sensación de vacío, de círculos sin sentido, y, al finalizar el año 1984, mi corazón se quebró cuando noté que más de la mitad de los cuarenta convertidos se habían retirado de la iglesia y apartado del evangelio. La noche del 24 de diciembre de 1984, tuvimos un hermoso culto de Navidad el cual habíamos preparado con tres meses de anticipación. La reunión fue muy bonita, con una asistencia de unas setenta personas, pero yo no me podía engañar, sabía que esas setenta personas eran amigos y familiares de la mitad de creyentes que teníamos y que habían llegado por el programa de Navidad, sabía que la semana siguiente y en enero, en los cultos regulares, volvería a estar frente a los veinte que me quedaban. Una sensación de vacío volvió a inundarme y una gran frustración me arropó. Al finalizar el culto quedamos mi esposa y mis hijos solos en casa, me acerqué a la cocina donde ella preparaba la cena de Navidad para la familia, y con palabras pesadas y débiles le dije:

—Sabes, me siento frustrado y creo que hemos fracasado, tengo ganas de renunciar al pastorado en el mes de enero y volver a trabajar en la radio de donde Dios me sacó.

Para mi sorpresa ella me dijo:

—Sí, yo también estoy frustrada. Creo que es mejor renunciar.

Esas palabras eran las que yo necesitaba como trampolín para mi decisión. El día 25 de diciembre visité a un hermano de la iglesia para expresarle mi frustración y, esperando palabras de ánimo, recibí palabras fuertes, las cuales necesitaba oír. Salí de esa casa y fui de otra hermana, le dije lo mismo y, para mi sorpresa, la hermana me expresó palabras casi similares a las del hermano. Salí de allí deshecho y con la firme determinación de escribir la carta de renuncia. Cuando llegué a casa y tomé papel y máquina de escribir para hacer la carta de renuncia, sentí que el Señor hablaba con firmeza a mi corazón y me dijo:

—¿Qué haces?

—Renuncio, Señor, no puedo seguir en esta situación, he fracasado en este pastorado.

El Señor habló tiernamente a lo profundo de mi ser diciéndome:

—No necesito carta, si quieres puedes hablar conmigo directamente. Si trabajas para una organización, envíales la carta, pero, si trabajas para mí, yo no necesito carta, puedes hablar directamente conmigo. Yo también tengo que hablar contigo. Entra en ayuno y oración y hablemos juntos.

Le dije a mi esposa que estaría en ayuno y oración unos días, que deseaba estar solo. Entré en una habitación; los dos primeros días abrí mi corazón y llorando le expresé mi frustración al Señor en palabras como estas:

—Señor, no es justo. Tú sabes que vine a esta ciudad con deseo de servirte. No he perdido tiempo. Desde temprano a la mañana salgo a evangelizar y visitar; llego a casa tarde a la noche. Sabes que no he sido negligente. Y entonces ¿por qué todo el trabajo se ha perdido?

Con amor y ternura el Señor me escuchó y, al tercer día, comenzó a confrontarme como lo hizo con Job. Me dijo palabras como estas:

—Sí, has sido fiel; has trabajado arduamente por amor a mi nombre; no has perdido tiempo; has evangelizado y discipulado con dedicación; pero, cuando llegaste a este lugar sólo pensaste en levantar una iglesia, no llegaste a mi altar para preguntarme cómo yo quería que lo hicieras y cuál era mi modelo para ello. Llegaste aquí confiando en tu experiencia adquirida en los lugares y años anteriores. Yo no uso el mismo modelo. Quiero llevarte a una transición en tu vida; si la aceptas te introduciré en una nueva dimensión de ministerio; entonces, seré yo el que haga la obra y tú sólo serás mi colaborador.

Las palabras y el tratamiento del Señor fueron largos y

especiales. Al final del ayuno, que terminó el día 31 de diciembre, el Señor me dijo:

—La decisión final es tuya, ¿aún quieres renunciar o aceptas la transición en tu vida?

Me levanté del piso, y le dije:

—Acepto, Señor.

Esa noche, último día del año, solamente llegaron quince personas al servicio; luego de adorar al Señor les abrí mi corazón, les conté la experiencia que había tenido y les pedí perdón por haberlos afectado al no escuchar al Señor. El pequeño servicio de oración de fin de año comenzó a las 21:00 y, sin darnos cuenta, en medio del mover espiritual que se generó, terminamos a las 5:30 de la mañana del día 1 de enero. La semana siguiente, los que se habían apartado regresaron arrepentidos, y la iglesia entró en un suave y hermoso mover espiritual, y empezó a crecer de una manera hermosa. En dos años había llegado a más de trescientas personas.

Hay dos clases de personas: Los que le dicen al Señor: "Tu voluntad sea hecha", y los que le dicen: "Ok, está bien, hazlo a tu manera".

—C. S. LEWIS

Sólo en el altar de Dios se entienden las transiciones. Abraham entendió sus transiciones en el altar, mientras que Lot, no. Lejos del altar de Dios sólo vemos gente, circunstancias y eventos; terminamos luchando contra ellos y culpándolos. En el altar de Dios descubrimos que detrás de la gente, de las circunstancias y eventos, está la poderosa mano de Dios dándole forma a nuestra vida y ministerio, y llevándonos a la frontera para introducirnos a una nueva tierra ministerial.

La antesala de las transiciones

Cuando el Señor quiere llevarnos a una transición, trata primero con nosotros y permite que ciertos factores comiencen a aparecer. Necesitamos pedirle que nos mantenga siempre sensibles para detectar tales elementos, para movernos en la transición en el tiempo de Dios, sin apresurarnos, pero tampoco retrasarnos. En la obra del Señor, en la iglesia y en nuestra vida personal necesitamos desarrollar la capacidad de discernir los tiempos, saber cuándo es el tiempo del Señor, porque Él siempre tiene su hora y, a veces, su reloj no está en el mismo horario que el de nosotros. En los evangelios encontramos en repetidas ocasiones expresiones como estas: *"no había llegado su hora"*, *"esta es vuestra hora"*, *"ahora es"*; palabras que nos indican el mover de Dios en su tiempo.

He aquí algunos de los aspectos que Abraham notó antes de separarse de Lot.

Sentido de insuficiencia

Y la tierra no era suficiente para que habitasen juntos...

–GÉNESIS 13:6

Abraham comenzó a ver que la tierra era insuficiente para los dos. Cuántas veces notamos que la tierra donde estamos ya no es suficiente. Comienza a crecer dentro de nosotros un sentido de insuficiencia que aumenta más y más. Esa tierra insuficiente ya no promete mucho, deja de ser atractiva, casi nos enferma. Es bueno estar atentos y observar si comienzan a sumarse otros factores porque, particularmente, el sentido de insuficiencia no siempre habla de transición.

Sentido de abundancia

… pues sus posesiones eran muchas…

–GÉNESIS 13:6

No sólo la tierra era insuficiente, sino que las posesiones de ellos eran muchas. Dios los había enriquecido y prosperado; a medida que los días pasaban las bendiciones de Dios aumentaban y sus posesiones crecían.

A veces en nuestra vida no solamente sentimos que la tierra es insuficiente sino que, junto a eso, experimentamos abundancia de dones, capacidades para ministrar, habilidades desarrolladas por el Espíritu Santo en nosotros, y no podemos ejercerlas porque la tierra es insuficiente. De pronto nos sentimos entre dos presiones. Por un lado insuficiencia de tierra y, por el otro, abundancia de capacidades; no puede desarrollarse el 100% del ministerio o los dones recibidos de Dios. Nuestro corazón palpita queriendo operar en toda la potencia, pero no puede; entonces la agonía comienza a invadir poco a poco nuestro ser.

Sentido de incomodidad

… y no podían morar en un mismo lugar.

–GÉNESIS 13:6

Ya no sólo es insuficiencia unida a abundancia, un nuevo factor se suma a este ambiente decisivo: la incomodidad. ¿Cómo podían seguir operando si la incomodidad los presionaba? Incomodidad física, emocional, de actividades y de operaciones. Allí estaba Abraham observando día a día esos tres factores; era necesario tomar una decisión. Sí, exactamente como nosotros nos quedamos observando los tres factores en nuestra vida y ministerio. No solamente nos sentimos agotados por la insuficiencia de la tierra donde estamos y la abundancia de capacidades dadas por Dios, sino que la incomodidad comienza a abrazarnos suavemente, a insinuarnos caminos no muy claros. Sí, comenzamos a experimentar incomodidad espiritual, interna, mental y física. Mientras tanto nos preguntamos: "¿qué significa todo esto?"

Sentido de pérdida de armonía

> Y hubo contienda entre los pastores del ganado de Abram y los pastores del ganado de Lot.
>
> —GÉNESIS 13:7

Las relaciones comenzaron a afectarse. Abraham notaba que las discusiones y peleas entre sus pastores y los de Lot se incrementaban. La presión subía y subía. Definitivamente era necesario hacer algo lo más pronto posible.

Las relaciones son vitales en el desenvolvimiento de la vida. Sin duda, en alguna ocasión personal o ministerial hemos sentido la aparición de este cuarto factor: la pérdida de la armonía con quienes estamos involucrados en la obra. No quisiéramos que eso nos pasara, pero pasa. Sabemos que las relaciones son vitales; si se rompen, la vida deja de fluir, porque la vida fluye a través de relaciones.

Sentido de acoso espiritual

> … y el cananeo y el ferezeo habitaban entonces en la tierra.
>
> —Génesis 13:7

Los cananeos y los ferezeos eran los enemigos del pueblo. Simbolizan nuestros enemigos espirituales. El quinto factor que comenzamos a experimentar es un sentido de acoso espiritual. No sólo es insuficiencia, abundancia, incomodidad y pérdida de armonía, sino que a esto se le suma un sentido profundo de asedio de parte del enemigo. Nos sentamos, pensamos, preguntamos y no sabemos a dónde ir. Abraham sí supo lo que debía hacer. Ya era la hora; no se podía esperar más. La transición había llegado, era el tiempo de la separación, era el momento de Dios para su vida. ¿Por qué seguir bajo tal presión si era evidente que un nuevo camino se estaba abriendo ante ellos?

> Entonces Abraham dijo a Lot: No haya ahora altercado entre nosotros dos, entre mis pastores y los tuyos, porque somos hermanos. ¿No está toda la tierra delante de ti? Yo ruego que te apartes de mí.
>
> —Génesis 13:8-9

Entrando en la transición con firmeza

Abraham entendió que era tiempo de tomar un nuevo camino. Dios lo llevaba a un punto fronterizo, donde tenía que decidir si entraba o no.

Nuestras vidas llegan, de pronto, a puntos fronterizos, y en el ministerio aún más. Necesitamos tener nuestra mente abierta y dispuesta para entender los límites a donde Dios nos lleva. Cuando Abraham tomó la decisión de entrar en ese punto fronterizo lo hizo con firmeza y ello trajo resultados óptimos. Cuando nosotros decidimos no resistir más a Dios en las transiciones descubrimos que:

La transición enriquece las relaciones

> No haya ahora altercado entre nosotros dos, entre mis pastores y los tuyos, porque somos hermanos.
>
> –GÉNESIS 13:8

No entrar en las transiciones debilita relaciones, pero entrar, cuando Dios nos está llevando por ese sendero, es fortalecer las relaciones. Si la frontera nos lleva a una separación, la separación termina fortaleciendo las relaciones. No estamos obligados a trabajar siempre en el mismo sitio, con el mismo ministerio, grupo u organización. Cuando el Señor nos indica que es el tiempo de llevarnos a nuevas tierras o dimensiones en el servicio, es bueno y agradable agotar todos los recursos de diálogo y salir con la bendición, porque ello fortalece nuestras relaciones.

La transición impulsa a decisiones fuertes

> ¿No está toda la tierra delante de ti? Yo te ruego que te apartes de mí.
>
> –GÉNESIS 13:9

Abraham supo que era tiempo de tomar una decisión, y no era sencilla. Representaba una fuerte resolución. Sin duda, ya se había acostumbrado a estar con Lot, los ataban muchas experiencias juntos, pero era necesario seguir el camino hacia la frontera señalada por Dios. Cuando Su voz insistentemente nos ha hablado de una transición, es hora de responder con determinación. Muchos se han quedado en la mitad del camino por miedo a tomar las decisiones que eran necesarias.

Quedarnos a mitad del camino es detener el proceso de desarrollo e iniciar el descenso o pisar el primer escalón del estancamiento.

La transición exige separaciones fuertes

Si fueres a la mano izquierda, yo iré a la derecha; y si tú a la derecha, yo iré a la izquierda.

–Génesis 13:9

A veces, las decisiones fuertes implican separaciones fuertes. Para Abraham su alejamiento de Lot no era fácil. Cuando el amor nos envuelve y el respeto aún permanece, las separaciones cuestan. Son fáciles cuando el amor, el respeto, el entendimiento mutuo y la confianza se han perdido. Pero toda transición en sí nos impulsa suave o violentamente a una separación firme. A veces es alejamiento de personas, de proyectos, de programas, de ideales que hemos acariciado, de organizaciones, ministerios o iglesias; pero son distancias sanas, donde explicamos lo que Dios está tratando con nosotros, y el diálogo se enmarca dentro del esquema Abraham-Lot.

Tenemos que buscar el entendimiento ministerial en las transiciones; muchos ministerios se secan día a día por no entender el indicativo de Dios de que es tiempo de ser trasvasados, de ser pasados de vasija en vasija, para que el sedimento se quede y pase lo puro, agradable, sano y valioso que Dios quiere desarrollar.

La transición nos lleva a una fe fuerte

Si fueres a la mano izquierda, yo iré a la derecha…

–Génesis 13:9

Abraham estaba seguro en el Señor; su fe era grande. Por eso no se interesó en escoger él. La decisión la dejó en manos de Lot. La vida de Abraham estaba en las manos de Dios y, si a él le tocaba el desierto, sabía que Dios lo podía convertir en un jardín. Cuando es el tiempo de la transición, como hijos de Dios tenemos que entrar en la frontera del cambio que Él nos presenta. No importa si nos corresponde el camino al desierto, tengamos la absoluta seguridad de que somos de Dios y que a Él servimos, y Él lo transformará en tierra fértil. Pero, si por ambición o miedo al futuro tomamos el camino del jardín, Él lo convertirá en desierto. Abraham esperó sin saber la respuesta final, y por la fe dejó que Lot escogiera. Lot no hizo honor a su nombre, ya que Lot significa: "*uno que cubre o protege*". Él no cubrió a su tío, sino que se cubrió a sí mismo, pero Dios cubrió a Abraham. La cobertura de Dios era más grande que la de Lot. La cobertura de Dios es más grande que la de esa persona, ese programa, ese proyecto, ministerio u organización. Entremos en la transición con fe y seguridad en el Dios eterno.

¿Qué nos queda luego de entrar en la transición de Dios? ¿Nos queda acaso el dolor, las lágrimas y las heridas abiertas? No; cuando en el altar de Dios entendimos su voluntad, y entramos en ella, extendemos la mano con fe para recibir los resultados de la transición.

Los resultados de la transición

A partir del versículo 14, aparecen los resultados directos de la separación de Abraham de Lot. Evidentemente si Abraham hubiese resistido la separación, habría detenido ese fruto. Los resultados son la respuesta de una entrada sencilla y obediente en la frontera de Dios. Serán también los beneficios para nuestra vida, si supimos entrar en las transiciones.

La transición trae una palabra específica

Y el Señor dijo a Abram, después que Lot se apartó de él…

–Génesis 13:14

Notemos que la palabra llegó a Abraham después que Lot se apartara de él. Quiere decir que esa palabra específica no la había recibido antes. Inmediatamente después que entramos en la transición la palabra específica de Dios comienza a llegar. Una nueva dimensión de entendimiento, de claridad, de discernimiento florece en nuestra mente y corazón. Se abre un nuevo camino con la Palabra de Dios y somos conmovidos, sacudidos, estremecidos y fortalecidos por la palabra específica. Hay una nueva claridad en la mente que viene del cielo y nos satura el alma. Quizás escuchamos o leemos lo mismo de antes de la transición, pero ahora hay un nuevo aire que refresca el entendimiento. Es una nueva dimensión.

La transición trae una visión fresca

Alza ahora tus ojos, y mira desde el lugar donde estás hacia el norte y el sur, y al oriente y al occidente

–Génesis 13:14

Abraham comenzó a alzar su rostro lentamente y, a medida que sus ojos se levantaban, vio más allá del extremo superior de la cerca que envolvía su terreno. De pronto un horizonte inmenso se desplegaba frente a él; miró al norte y luego al sur, al oriente y al occidente, y habrá pensado: "¿Por qué no había visto esto antes?

¿Por qué gaste tanto tiempo mirando mi pequeño terreno y no vi lo que estaba más allá de esa cerca?" Sí, cuando entramos en la transición en obediencia, no sólo recibimos palabra específica de Dios, sino también una visión fresca; una visión que nos impresiona y nos llena. Lo que hasta ahora parecía importante para nosotros, lo vemos pequeño, insignificante, sin sentido y estrecho, porque la visión que el Señor en su amor nos entrega es grande, sorprendente y con sentido.

La transición trae una promesa de posesión clara

> Porque toda la tierra que ves, la daré a ti y a tu descendencia para siempre.
>
> —GÉNESIS 13:15

Ahora ya no es sólo una palabra específica y una visión fresca, sino también una promesa clara de posesión. Cuando Dios muestra algo es porque nos lo va a dar. Sus promesas son verdad. Jamás Dios ha dejado una palabra sin cumplir. En esto podemos caminar seguros. Cuando entramos en la transición de Dios, la promesa llega con claridad; y podemos caminar con pasos firmes porque sabemos que Dios cumple lo que dice.

Las promesas divinas son una garantía que nos sostienen en medio de las transiciones.

La transición nos introduce en una dimensión fructífera de vida

> Y haré tu descendencia como el polvo de la tierra; que si alguno puede contar el polvo de la tierra, también tu descendencia será contada.
>
> —GÉNESIS 17:16

Dios le prometió una vida fructífera. Al entrar en la transición, la promesa de un ministerio fructífero toma carne y hueso, se puede tocar; de ahí la importancia de no rehusarnos a entrar. Necesitamos comprender las transiciones de la vida, porque de no hacerlo nuestro ministerio se tornará infructífero, seco, estéril y frustrante. El Señor quiere que llevemos mucho fruto. Ese fruto, no es de cosas que se ven, como tamaño de la iglesia, multiplicación de programas de radio y televisión, adquisición de equipos, etc. No nos equivoquemos, el fruto de una vida no se mide por cuán exitoso parece ser el camino en términos materiales, sino en la pureza de carácter, en la integridad, honestidad, y en un grupo de discípulos que crecen a nuestro alrededor y dan testimonio de que nuestra vida ha sido de ejemplo y modelo para ellos.

La transición nos introduce a la acción de la fe

Levántate, ve por la tierra a lo largo de ella y a su ancho; porque a ti la daré.

Abram, pues, removiendo su tienda, vino y moró en el encinar de Mamre, que está en Hebrón, y edificó allí altar a Jehová.

–GÉNESIS 13:17-18

La fe es puesta en acción. Pero no se trata de una fe alocada y fundamentada en vanas ilusiones, o estimulada por libros que hablan de fe y no aclaran que ella viene después de recibir la palabra específica de Dios y una visión clara, junto con una promesa definida y personal. Cuando miramos lo que Dios nos ha mostrado y estamos plenamente convencidos de que Él nos ha hablado, entonces, somos impulsados a la acción de fe. *"Levántate, ve por la tierra"*, le dijo Dios; y Abraham obedeció. Este es el paso práctico de la fe. Levantarnos y comenzar a poseer lo que Él nos ha prometido.

Cuando una puerta se cierra, otra se abre, pero a menudo empleamos tanto tiempo mirando la puerta que se cerró que no vemos la puerta que está abierta delante de nosotros.

—ALEXANDER GRAHAM BELL

El versículo 18 cierra este capítulo de transiciones en la vida de Abraham con tres palabras claves: *"removiendo su tienda"*. Abraham aprendió a remover su tienda. Como hijos de Dios debemos aprender a vivir en tiendas, no construir castillos ni fuertes que nadie puede penetrar y menos remover. Muchos existen porque están escondidos en sus fortalezas y, aunque Dios quiere moverlos, se han negado a las transiciones. El pueblo o la familia sufre al ver sus fortalezas, y ellos mismos comienzan a sentirse secos por dentro aunque por fuera parezcan florecientes. Dios no nos ha llamado a edificar fortalezas ni castillos, sino a vivir en tiendas, para que, al llegar su palabra de remoción podamos recoger la tienda y movernos fácilmente en el plan y el propósito de Dios. No son dinastías, imperios ni reinos, sino el servicio sencillo y movible. Aprendamos a sostener el ministerio, nuestra actividad, la iglesia y los proyectos, con la mano floja, para que cuando el Señor nos los pida se los podamos entregar. Jamás nos aferremos a nada, sólo a la fe y a la persona del Rey a quien servimos.

Quieto estuvo Moab desde su juventud, y sobre su sedimento ha estado reposado (…) por tanto, quedó su sabor en él, y su olor no se ha cambiado.

—JEREMÍAS 48:11

Si nos quedamos quietos y rehusamos ser trasvasados a otras vasijas, permanecerá el olor y el sabor; si somos flexibles en el trasvase, nuestro sabor y nuestro olor cambiará. Si nos negamos el Señor enviará quienes nos trasvasarán, y romperán las vasijas y los odres. Es mejor obedecer a Dios en el cambio, porque Él tiene misericordia, pero los trasvasadores a veces no tienen misericordia. Comprendamos las transiciones de la vida para estar sólo el tiempo de Dios y movernos cuando Él lo pida. No somos perpetuos en nuestros ministerios, somos pasajeros; el único perpetuo es Dios.

Dios usa las transiciones para llevarnos a crecer y desarrollar nuestras vidas; Él quiere hacernos florecer y transcender; quiere producir una existencia más vigorosa. Jesús habló claramente de que era necesario que el grano de trigo cayera a la tierra y muriera (¡esa es una transición fuerte!). Y Él agregó que de otra manera no puede llevar fruto.

El propósito de Dios con las transiciones es facilitar nuestro crecimiento y, algunas veces, dar nacimiento a un nuevo enfoque de ministerio.

Un día, mientras meditaba en las diferentes transiciones de mi vida, tome el lápiz y escribí lo siguiente:

Transiciones

La vida es como una línea
que abajo comienza
pero no siempre asciende,
porque a veces se quiebra.
En el momento perfecto,
el diseño de Dios.

Cuando la línea se quiebra,
yo casi no puedo entender
por qué no pude ascender.
De pronto, solo me siento;
de pronto, quiero llorar
De pronto, sólo preguntas
que no puedo responder.
Cuando menos espero,
un rayo de luz me envuelve
y comienzo a comprender
que mi vida está en las manos
de Aquel que tanto quiero,
y que una transición
me hace reverdecer.

Algo que ayer murió,
sólo a mí me impulsó
a mirar con alegría
lo que ayer me hizo sufrir,
para que a la luz del día
hoy pueda a mi Dios servir.

Para nosotros este es el fin de la historia, pero para ellos es solo el comienzo de su historia real. Todo lo vivido hasta este momento es solo la carátula y la página con el título. Ahora ellos están comenzando el primer capítulo de su historia, la cual nadie en la tierra ha leído, y se extenderá por siempre, y cada capítulo será mejor que el anterior.

–C.S. Lewis. Crónicas de Narnia

Reflexión

1. ¿Cuál fue mi última transición?

2. ¿Qué, entiendo hoy, afectó poderosamente mi vida en esa transición?

3. ¿Qué factores estoy sintiendo que pueden estar hablándome de una posible transición?

4. ¿Qué pasos me propongo dar para enfrentar esa transición?

5. ¿Alguna vez he resistido fuertemente una transición en mi vida?

Capítulo 3

Vidas con disposición a la transición

Alguien pensó y escribió:

Hay personas estrellas y hay personas cometas. Los cometas pasan; apenas son recordados por las fechas que pasan y vuelven. Las estrellas permanecen.

Hay mucha gente cometa; pasan por nuestra vida apenas por instantes; no cautivan a nadie, y nadie las cautiva. Gente sin amigos, que pasan por la vida sin iluminar, sin calentar, sin marcar presencia. Así son muchos artistas, brillan apenas por instantes en los escenarios de la vida y, con la misma rapidez que aparecen, desaparecen. Así son muchos reyes y reinas de naciones, de clubes deportivos o concursos de belleza. Así mismo son hombres y mujeres que se enamoran y se dejan enamorar con la mayor facilidad. Así son personas que viven en una misma familia y pasan desapercibidas, sin ser presencia, sin existir.

Lo importante es ser estrella. Hacer sentir nuestra presencia. Ser luz, calor, vida. Los amigos son estrellas. Los años pueden pasar, surgir distancias, pero en nuestros corazones quedan sus marcas.

Ser cometa no es ser amigo. Es ser compañero por instantes. Explotar sentimientos. Aprovecharse de las personas y de las situaciones.

Es hacer creer y hacer dudar al mismo tiempo. La soledad es el resultado de una vida cometa. Nadie permanece. Todos pasan. Y nosotros también pasamos por los otros. Es necesario crear un mundo de estrellas. Verlas y sentirlas a diario; poder contar con ellas; todos los días ver su luz y sentir su calor.

Así son los amigos: estrellas en nuestras vidas, se puede contar con ellos. Son refugio en los momentos de tensión, luz en los momentos oscuros, pan en los momentos de debilidad, seguridad en los momentos de desánimo.

Al mirar los cometas es bueno no sentirnos como ellos, ni desear amarrarnos de su cola. Al mirar los cometas es bueno sentirse estrella. Dejar por sentada nuestra existencia, nuestra constante presencia. Haber vivido y construido una historia personal. Es bueno sentir que hemos sido luz para muchos amigos, y que ellos nos han iluminado a su vez. Es bueno sentir que fuimos calor para muchos corazones, y que esos corazones nos arroparon cuando el frío nos castigó.

Ser estrella en este mundo pasajero, en este mundo lleno de personas cometas, es un desafío; pero, por encima de todo, una recompensa. Es nacer y haber vivido, y no haber existido apenas. Es tener disposición para servir y amar.

—Autor anónimo

La disposición es la acción o efecto de disponer. Disponer es colocar, poner las cosas en orden y en situación conveniente. La disposición, la actitud de poner las cosas en orden y en situación conveniente se nos está rompiendo. Hay cosas que tienen que ser puestas en orden en estos últimos tiempos.

Me dirás: "Pero, todo está en orden hermano. ¿No ve el despertamiento espiritual que tenemos en América Latina? ¿No ve cómo están creciendo nuestras iglesias? ¿No ve los nuevos movimientos espirituales? ¿La nueva prosperidad que se proclama? ¿No está observando los últimos avances en materia de guerra espiritual y nuestras nuevas fórmulas de fe?" Sí, si, lo veo, y doy gracias a Dios por ello, me gozo junto contigo, pero no cierro mis ojos a la realidad que nos rodea.

¿Cómo se mide el corazón y la disposición de una persona? ¿Por su actitud ante los logros, los éxitos y los avances? ¿Por la manera que es admirada por los seguidores? ¿Por cuántos votos logra en las asambleas cristianas y de convención? ¿O, quizás por los programas de televisión que tiene, o lo grande que es la mega iglesia que pastorea? ¿Será acaso por la entrega en asumir grandes responsabilidades y la forma de iniciar nuevos retos?

No, el corazón de una persona se mide por la disposición a entrar en transiciones, listo para ser examinado durante y al terminar la obra. Se mide por la actitud que tiene cuando necesita entregar el cargo a otro.

Samuel, el último de los jueces de Israel, demostró su verdadero corazón cuando le entregó el pueblo a Saúl, primer rey de Israel. Los jueces fueron individuos que ejercieron gran influencia sobre las tribus de Israel por su fuerte personalidad, estatura moral y el hecho de tener acceso directo a Dios. Pudo verse el corazón de Samuel el día que dio su discurso final ante el pueblo. En Él había una total disposición para Dios y para el pueblo, y de ello necesitamos aprender como siervos, para renovar plenamente la disposición.

Vamos juntos al pasaje de 1 Samuel 12:1-5 para estudiar esta disposición. En este pasaje Samuel no sólo clarificó su propio carácter, sino que se colocó como ejemplo ante Saúl. En sus últimas palabras antes de marcharse demostró:

Disposición de una vida a escuchar

He aquí, yo he oído vuestra voz en todo cuanto me habéis dicho, y os he puesto rey.

—1 Samuel 12:1

Como personas necesitamos aprender a escuchar al pueblo; sin embargo, antes necesitamos aprender a escuchar a Dios.

Y dijo Jehová a Samuel: Oye la voz del pueblo en todo lo que te digan; porque no te han desechado a ti, sino a mí me han desechado, para que no reine sobre ellos.

—1 Samuel 8:7

Cuando aprendemos a oír a Dios, Él nos guiará para que oigamos a los que quiere que oigamos. Es difícil escuchar todo pero, a veces, es necesario. Es más fácil escuchar lo dulce, pero cuesta escuchar lo que sabemos que no tiene sentido; sin embargo, suele ser esencial oír eso. Un buen hijo de Dios sabe escuchar. Si queremos mantener la disposición a las transiciones, estemos dispuestos a escuchar al pueblo sin temor ni angustia. Muchas veces tenemos miedo de escuchar lo que pueblo quiere decirnos.

La disposición de una vida a reproducirse

Yo soy ya viejo y lleno de canas; pero mis hijos están con vosotros.

—1 Samuel 12:2

Hemos sido llamados para reproducirnos, jamás para perpetuarnos. Samuel dijo: "Ya he terminado, estoy viejo, pero quedan entre ustedes mis hijos, la generación que sigue". Estamos en la obra de Dios para hacer discípulos, y el día que entreguemos lo que ahora estamos haciendo sería bueno que podamos decir: "Ya estoy viejo…, pero aquí quedan los que he estado formando para que ellos continúen". El Señor Jesús nos dejó el ejemplo, y el mismo modelo lo encontramos en Pablo cuando dijo: *"Lo que has oído de mí ante muchos testigos, esto encarga a hombres fieles que sean idóneos para enseñar también a otros"* (2 Timoteo 2:2). Sí, disposición es dar los pasos para reproducirnos en otros.

La disposición de una vida a ser modelo

Yo he andado delante de vosotros.

−1 Samuel 12:2

Andar delante implica estar expuesto a ser observado y analizado. Muchas personas quieren andar *detrás,* impulsando a la gente. Lo más importante no es ir detrás, es estar adelante, porque el mundo se cansó de las palabras. El mundo desea ver; quiere ver modelos. Cuando no hay un modelo de vida surge la angustia. Se necesitan siervos modelos que demuestren con su vida la realidad del evangelio, no modelos de televisión. Muchos de los que sirven al Señor parecen más modelos de televisión que modelos de vida. Si vamos a renovar la disposición, vamos a permitir que el evangelio sea encarnado en nuestra vida, para poder decirle al pueblo: *"Yo he andado delante de vosotros".*

Ejemplo no es el asunto principal para influir a otros, en realidad es la única cosa.

−Albert Schweitzer

La disposición de una vida a ser perseverante

Desde mi juventud hasta este día.

—1 SAMUEL 12:2

Cuando Samuel expresó tal declaración estaba diciéndole al pueblo: "Ustedes saben que desde mi juventud hasta este día, cuando ya mi cabeza está llena de canas y mi cuerpo sin fuerzas, he sido perseverante". La perseverancia estimula y anima a los seguidores. Samuel pudo hablar con firmeza: "He estado con ustedes desde mi juventud hasta ahora". No es asunto de comenzar, es asunto de mantenerse y terminar fieles. Vivimos en un mundo lleno de inconstancias y flexibilidades, pero a los siervos se nos exige la constancia y la perseverancia. ¡Qué bueno es encontrar todavía personas que con sus vidas han demostrado fidelidad y perseverancia! El mejor mensaje que podemos transmitir a los discípulos es el de una vida de consistencia, fidelidad y perseverancia. ¡Cuántas son las cosas que hoy son y mañana no permanecen! ¡Cuántas personas, en las iglesias y en los centros de comunidad, tienen sus corazones frustrados porque ven que la disposición a ser perseverantes tristemente se ha perdido en la vida de sus líderes!

Pablo, hablando a los ancianos de Éfeso, les dijo: *"Vosotros sabéis cómo me he comportado entre vosotros todo el tiempo, desde el primer día que entré en Asia"* (Hechos 20:18).

La perseverancia en un estilo de vida, es oro y plata que se buscan ansiosamente hoy entre los siervos.

La disposición de una vida a ser evaluada

Aquí estoy, atestiguad contra mí delante de Jehová y delante de su ungido.

—1 SAMUEL 12:3

"¿Liderazgo es exponerse a ser evaluado? ¿Liderazgo es ponerme delante para ser medido? ¡Jamás! ¡Jamás lo toleraría!" Esta sería la expresión de centenares de líderes que tienen miedo a ser evaluados. Hoy, en los últimos años de esta última milla que nos corresponde correr, los líderes somos llamados a renovar la disposición a ser evaluados. El Señor Jesús nos dio la medida. Un día llamó a sus discípulos y les dijo:

> ¿Quién dicen los hombres que es el Hijo del Hombre?
> Ellos dijeron: Unos, Juan el Bautista; otros, Elías; y otros, Jeremías, o alguno de los profetas.
> Él les dijo: Y vosotros ¿quién decís que soy yo?
> Respondiendo Simón Pedro, dijo: Tú eres el Cristo, el hijo del Dios viviente.
> Entonces le respondió Jesús: Bienaventurado eres, Simón, hijo de Jonás, porque no te lo reveló carne ni sangre, sino mi Padre que está en los cielos.
>
> —MATEO 16:13-17

El Hijo de Dios se expuso a ser evaluado, cuánto más nosotros no podemos aislarnos, ni vivir sin rendir cuentas a nadie. La evaluación de nuestras vidas, al igual que Samuel, necesita extenderse a las siguientes cuatro áreas vitales de nuestro ministerio:

La administración
La conversación
La relación
La omisión

La administración

… si he tomado el buey de alguno, si he tomado el asno de alguno…
—1 SAMUEL 12:3

Como hijos de Dios se nos ha encomendado ser administradores, y necesitamos responder a Dios y al pueblo con toda transparencia. ¡Cuántos líderes han descuidado tal área y viven sin ser evaluados en lo administrativo, escudándose en el hecho de que ellos son siervos de Dios y que nadie debe desconfiar de un siervo de Dios! Tenemos una responsabilidad que jamás podremos evadir: administramos recursos ajenos. Son, primero, los recursos de Dios, y también son los recursos de la gente con la cual estamos trabajando. No tenemos el derecho de tomar algo que le pertenece al Señor y al pueblo. Jamás caigamos en el gravísimo error de llamarnos *siervos e hijos del Rey*, sólo para explotar ese título y atribuirnos el derecho de administrar los recursos financieros y físicos sin rendir cuentas.

Cuando yo comenzaba a pastorear recibí el consejo de una mujer anciana misionera americana en mi país, Dorothy Buck, una de mis mentoras, de quien aprendí mucho. Un día ella me dijo:

—Serafín, cuando estés en el pastorado, administrando los diezmos y ofrendas de la iglesia, antes de hacer cualquier gasto pregúntate: "¿Se justifica este gasto? ¿Se ajusta al propósito de Dios y a la prioridad de la iglesia?" Recuerda que ese dinero que administras, a ti no te ha costado mucho, pero sí le ha costado bastante al hombre campesino que se levanta a las cinco de la mañana para vender sus verduras en el mercado; le ha costado a la mujer que lava ropa ajena para mantener a sus hijos, y al taxista que día a día está detrás de un volante, y de allí ha sacado sus diezmos para la iglesia. A ellos les ha costado, y no es justo que gastes, en lo que no se justifica, el dinero que a ti no te ha costado.

Tales palabras calaron profundamente en mi corazón de joven. Hoy, casi cuarenta años después, no las he olvidado y me frenan cuando quiero escoger mi propio camino en materia de administración. Renovemos la disposición a ser evaluados en esta área.

La conversación

> … si he calumniado a alguien…
>
> —1 Samuel 12:3

El tema de nuestra conversación es determinante. La Biblia claramente declara que de la abundancia del corazón habla la boca. Necesitamos cuidar nuestros labios para no calumniar a nadie. Necesitamos ser evaluados por otros en el área de la conversación. Qué bueno es poder decirle al pueblo y a otros compañeros: "Si ustedes oyen que mis palabras están desenfrenadas y destruyendo a alguien, por favor, evalúenme". Qué triste es encontrar en el largo camino de la vida más de un centenar de personas que han quitado de sus labios el freno y se han atrevido a calumniar a otros líderes sin ningún temor. Calumnias que se levantan sólo por el impulso del espíritu de competencia, envidia, deseos malsanos de simplemente derribar al compañero a quien Dios está usando.

El pastor *Y* está desarrollando una obra de una manera muy especial y, ciertamente, dirigido por Dios en la comunidad Ciudad Grande. El pastor *X* ha estado trabajando en la misma comunidad desde hace veinte años. El pastor *Y* llegó a esa ciudad enviado por Dios hace sólo cinco años. En ese tiempo Dios le permitió llegar a una asistencia de tres mil personas; mientras el pastor *X* sigue con doscientos veinte. Cuando una persona de la iglesia del pastor *X* le pregunta por qué la iglesia del pastor *Y* ha crecido tanto, el pastor *X*, sin medir sus palabras, comienza a hablar cosas negativas, destructivas y censurables sobre el mecanismo del pastor *Y*. Este creyente queda atónito mirando a su pastor y no sabiendo si creer o no creer todo lo que ha oído. Mentiras, calumnias, destrucciones, maquinaciones y artimañas han sido usadas en las últimas décadas por líderes inseguros que no han tenido el más pequeño temor ante sus palabras que brotan con facilidad de la fuente malsana de su lengua enfermiza. Renovar la disposición implica ser evaluados en nuestra conversación.

La relación

… si he agraviado a alguien…

—1 SAMUEL 12:3

Agraviar es engañar o defraudar. Como siervos podemos usar el ministerio para engañar o defraudar a la gente, pero un día seremos expuestos a la luz. Necesitamos ser evaluados en nuestras relaciones con otros pastores, con los líderes que trabajan a nuestro lado y con la gente o congregación en la cual nos desenvolvemos por la gracia de Dios.

Por muchos años consideré el tema de las relaciones como algo periférico de mi vida y ministerio, hasta que un día fui confrontado directamente por la Palabra de Dios acerca de la centralidad de ese tema. Nuestro Dios es un Dios de relaciones y Él desea que sus siervos manejen y administren bien las relaciones.

Necesitamos revisar nuestras relaciones con el sexo opuesto y jamás defraudar a nadie. Los últimos diez años la Iglesia ha sufrido las dolorosas caídas de ministros y líderes que jamás estuvieron dispuestos a ser evaluados en este aspecto. Jugar sutilmente con el sexo opuesto, sin mantener los límites adecuados, está llevando a muchos siervos al camino del engaño. Sabemos, por el Espíritu de Dios que nos advierte y por la lógica que Él nos ha dado como regalo, cuándo comenzamos a pasar los límites claros. Sonrisas, miradas, toques especiales, regalos cariñosos, llamadas telefónicas disfrazadas de atención espiritual, son juegos peligrosos que al igual que Sansón pueden llevarnos a un desastre total. Qué bueno sería pedirles a ministros amigos, a hermanos y familiares que nos rodean que tengan la libertad de llamarnos la atención y darnos una palabra de advertencia antes de que la ceguera espiritual nos alcance y sea demasiado tarde. No se puede jugar con el sexo opuesto. En la oficina pastoral y en el escritorio de consejería nacen con frecuencia las primeras semillas de adulterio o fornicación. Detrás de muchas oraciones de "restauración" comienzan a germinar las primeras miradas tiernas y debilitantes. Allí empieza a darnos vuelta, envolviéndonos con sutileza, como lo hace la pequeña araña; cuando la hormiga grande quiere moverse descubre que es demasiado tarde. Amado consiervo, detén tu camino, párate ahora mismo, da media vuelta y comienza a caminar por el sendero estrecho de la disposición a ser evaluado en tus relaciones.

La omisión

> … o si de alguien he tomado cohecho para cegar mis ojos con él…
> —1 Samuel 12:3

Jamás se encuentre en la evaluación de nuestra vida el haber hecho la vista ciega a pecados de personas por el simple hecho de recibir ayuda monetaria de ellas. Resistir la tentación a ignorar ciertas cosas, por el deseo de lograr nuestros propósitos y metas, debe ser un anhelo constante en la vida de un siervo. Podemos fácilmente tomar el camino de la omisión si nos toca tomar decisiones frente al pecado y el desvío de aquella persona que, precisamente, aporta los más grandes diezmos y ofrendas que sostienen el proyecto, ministerio, iglesia u organización. Sin embargo, ninguna cosa caminará sin la debida consecuencia. Tarde o temprano seremos alcanzados por la onda expansiva de la omisión.

Hace unos meses leía en un periódico de Centroamérica un gran titular que decía: "Pastor evangélico acusado de violación de una adolescente en su iglesia". Con asombró comencé a leer las descripciones tristes de la acusadora y las consabidas defensas del acusado. Me encontré estremecido por las palabras dichas por el presidente de la organización donde este pastor lideraba quien, ante la pregunta del periodista acerca de cuál era su opinión, dijo: "Estamos investigando para encontrar la verdad y, si el caso resultara ser cierto, procederemos a cambiar a este pastor de iglesia y enviarlo a otro lugar para pastorear". Cerré el periódico y me quedé mirando a la distancia, mientras mi mente daba tumbos de un lado a otro, y en mi corazón dije: "Esta expresión la he escuchado muchas veces o de palabra o de hecho = Omisión". Algunos líderes parecen intocables, su trayectoria, su renombre, su aparente limpia reputación y el largo historial de "éxitos" los hace intocables, por lo tanto, es mejor omitir. "No hagamos de esto algo demasiado grande"; "es mejor no dañar al pueblo"; "esto quedará entre nosotros". ¿Creemos que podemos engañar al pueblo? *¡Jamás!* El pueblo tarde o temprano lo sabrá.

La congregación no pide de sus líderes perfección, pero sí busca y demanda honestidad. Hay muchos corazones heridos, y sobran las almas secas y sedientas por el valle de la omisión. Un pastor en un momento de angustia por la infidelidad cometida por su esposa con otro pastor amigo, quien con sutileza logró engañar a esta mujer, me decía:

—No sé qué hacer. Mi esposa me lo contó todo, pero no sé a quién ir, porque sé muy bien que si hablo a los directivos ellos lo defenderán a él, meterán sus manos para sacarlo limpio, mientras que mi esposa y yo seremos los perjudicados.

Le dije:

—De todas maneras hazlo, no te adelantes a los acontecimientos.

Él lo hizo, y luego me dijo:

—Hermano, sucedió lo que le dije. Quedamos con nuestro matrimonio semidestruido y nuestros corazones heridos, mientras que él fue defendido fuertemente; y no sólo permanece en el ministerio como si nada hubiese pasado, sino que es aplaudido por líderes, en convenciones y eventos. Hermano, tengo mi corazón roto y mi alma desilusionada.

Si queremos que nuestra vida no se estanque, sino que vaya en la transición del Espíritu, necesitamos tener la disposición de ser evaluados en cuanto a la omisión.

La disposición de una vida a restituir

… y os lo restituiré.

—1 SAMUEL 12:3

La restitución es esencial para cultivar la confianza de aquellos a quienes hemos herido. Samuel estuvo dispuesto a restituir. Pedir evaluación sin restitución es hipocresía. Muchos piden perdón pero no demuestran la disposición a la restitución. ¿De qué sirve pedir perdón si no devuelvo el dinero que tomé? ¿De qué sirve pedir perdón si no coloco todo mi esfuerzo para reponer lo que dañé y ultrajé? La respuesta del pueblo fue: *"Nunca nos has oprimido ni maltratado, ni te has dejado sobornar"* (vv. 4-5). Qué emocionante es que el pueblo, para quien hemos trabajado, nos diga: "Nunca nos has defraudado, o sí, una vez lo hiciste, pero has pedido perdón y lo has restituido". Samuel, con firmeza y con gozo interno dijo: *"El Señor y el rey que él ha escogido son testigos de que ustedes no me han encontrado culpable de nada"* (v. 5).

La disposición de una vida a la confrontación sabia

Por lo tanto, prepárense que en presencia del Señor voy a discutir con ustedes acerca de todos los beneficios que él les ha hecho a ustedes y a los antepasados de ustedes.

Cuando Jacob y sus descendientes se fueron a Egipto y los egipcios los oprimieron, los antepasados de ustedes se quejaron ante el Señor, y él envió a Moisés y a Aarón, quienes sacaron de Egipto a los antepasados de ustedes y los establecieron en este lugar.

Pero ellos se olvidaron del Señor su Dios, y él los entregó al poder de Sísara, general del ejército de Jabín, rey de Hasor, y al poder de los filisteos y del rey de Moab, los cuales pelearon contra ellos.

> (...) Pero aquí tienen ustedes al rey que han escogido. El Señor les ha dado el rey que le pidieron.
> Ahora les toca a ustedes honrar al Señor y rendirle culto, atender su voz y no desobedecer sus mandatos, y vivir, tanto ustedes como el rey que los gobierne, conforme a la voluntad del Señor su Dios. Así les irá bien.
> Porque si no lo obedecen, sino que rechazan sus mandatos, él los castigará a ustedes y a su rey.
>
> —1 SAMUEL 12:7-15

Como siervos del Señor no podemos evitar la confrontación al pueblo cuando vemos que quiere andar en sus propios caminos e ignora la bondad y la misericordia de Dios. Samuel les dijo: *"Por lo tanto prepárense, que en presencia del Señor voy a discutir con ustedes acerca de todos los beneficios que Él les ha hecho a ustedes y a los antepasados de ustedes"* (v. 7). Samuel no confrontó al pueblo hasta que él mismo quedó expuesto a la confrontación; cuando el pueblo no halló nada en él, con autoridad lo confrontó. No tenemos derecho a confrontar a nadie si antes no hemos estado dispuestos a la evaluación personal. Los días que vienen serán difíciles y especiales. Las situaciones nos demandarán confrontar al pueblo para que ellos puedan caminar en el sendero recto y limpio de una vida pura, santa y renovada, pero necesitamos ser los primeros en ser confrontados. La confrontación de amor, pero con la firmeza del Padre que desea lo mejor para sus hijos.

La disposición de una vida a la intercesión

Ante la confrontación de Samuel, el pueblo le dijo: *"Ruega al Señor tu Dios por estos siervos tuyos, para que no muramos; porque a todos nuestros pecados hemos añadido el de pedir un rey"*. Ante la petición, Samuel dijo: *"En cuanto a mí, que el Señor me libre de pecar contra él dejando de rogar por ustedes. Antes bien les enseñaré a comportarse de manera buena y recta"* (vv. 19, 23).

La intercesión es el arma clave que Dios nos ha dado para que clamemos por el pueblo y realicemos la obra en la norma establecida por Dios. Si tenemos el cargo o no lo tenemos, el ministerio continúa. Los cargos los dan los hombres, pero el ministerio lo da Dios. No necesito cargos para ministrar, el ministerio continúa fluyendo aún más allá de los cargos. Samuel dejó de ser el líder de Israel pero, cuando entregó su cargo a Saúl, el primer rey de Israel, dijo: "Lejos esté de mí que deje de orar por ustedes, antes bien, les enseñaré a comportarse de manera buena y recta". Algunos pelean por los cargos y no los quieren soltar; se olvidan del ministerio que Dios les dio. Otros, saben soltarlos y ven cómo sus ministerios crecen y crecen aun sin tener los cargos.

¡Qué estemos dispuestos a cumplir con la tarea más hermosa, la tarea de la intercesión!; enseñemos a otros a comportarse de manera buena y correcta. Vivimos para ministrar, no necesitamos de plataformas humanas para hacerlo, pues la plataforma del ministerio la provee Dios. No siempre será delante de un pueblo, detrás de un púlpito, de un micrófono de radio o ante las cámaras de televisión, a veces será sólo lado a lado con una persona. Veremos la manera tan dulce y hermosa como Dios opera. Cuando estemos solos, en el altar de la intercesión y en secreto, veremos cómo Dios nos recompensa en público.

El respaldo de Dios

La disposición a entrar en las transiciones cuenta con el respaldo de Dios. Cuando Samuel terminó de confrontar al pueblo dice la Biblia: *"Y en seguida Samuel clamó al Señor, y al instante él mandó truenos y lluvia; entonces todo el pueblo tuvo mucho miedo del Señor y de Samuel"* (1 Samuel 2:18). El trueno de los cielos fue la voz de confirmación y respaldo de Dios para su siervo.

El Señor jamás olvidará a sus siervos, siempre los sostendrá. Al seguir Samuel su camino, dio lugar a quien le sucedería y no vio su ministerio afectado.

Reflexión

La muerte no es el fin de tu vida. La muerte no es tu final, sino tu transición a la eternidad. Hay consecuencias eternales por todo lo que haces en la tierra.

—Rick Warren

Como hijos de Dios necesitamos examinar la disposición de nuestro corazón. El pueblo se alimentará de lo que llena nuestro corazón. ¿Cómo responderemos en el momento que tengamos que salir de donde estamos y entregar a otro lo que Dios en su misericordia nos permitió operar? Cuando Samuel murió, todo el pueblo lo lloró. Cuando murió Saúl dejó consternación, por su trágica muerte. Samuel traspasó su cargo con honor. Saúl se aferró y persiguió a David, porque no toleraba un traspaso de cargo. ¿Estás dispuesto a traspasar tu cargo con honor o acaso te estás aferrando al mismo y persiguiendo, para eliminar, a quien pudiera sustituirte?

Vamos a levantarnos y a comenzar a remendar la disposición para caminar en transiciones ministeriales. ¡Hoy es el día de ese gran comienzo!

Dios anhela que los líderes entendamos la importancia vital de movernos y dejarnos mover por la mano de Dios.

1. ¿Está mi corazón dispuesto realmente a ser observado, evaluado y enseñado?

2. ¿En cuáles de las áreas que aprobó Samuel estoy débil?

El futuro pertenece a aquellos que están dispuestos a hacer sacrificios de corto término para obtener ganancias de largo alcance.

−Fred A. Manske, Sr.

CAPÍTULO 4

LA CONFIANZA PRODUCE TRANSICIÓN

Confianza es una decisión que tomamos y un riesgo que enfrentamos. Porque la confianza involucra vulnerabilidad, emociones fuertes siempre se levantan cuando la confianza es rota, especialmente en el liderazgo.

—TOM MARSHALL

Hace algunos años, tres hermanos abandonaron la granja y se fueron a trabajar en la ciudad. Los tres fueron empleados por la misma compañía con el mismo salario. Tres años después, Jacobo ganaba $500 al mes, Francisco recibía $1.000 pero Jorge devengaba $1.500.

Su padre decidió visitar al empleador. Este escuchó al confuso padre y dijo:

—Voy a permitirle a los muchachos explicarlo por sí mismos.

Jacobo fue llamado a la oficina del supervisor y se le dijo:

—Jacobo, entiendo que la Compañía de Importación del Este acaba de traernos un enorme avión de carga repleto de mercancía japonesa. ¿Pudieras ir al aeropuerto y realizar un inventario de la carga?

Tres minutos después, Jacobo regresó a la oficina.

—La carga consistía de mil bultos de seda japonesa —informó—.

Obtuve la información vía telefónica de un miembro de la tripulación.

Cuando Jacobo salió, Francisco, el hermano que ganaba $1.000 al mes, fue llamado.

—Francisco —dijo el supervisor—, quisiera que fueses al aeropuerto y realizases el inventario de un avión de carga que acaba de llegarnos de parte de la Compañía de Importación del Este.

Una hora después, Francisco estaba de vuelta en la oficina con una lista mostrando que el avión llevaba mil bultos de seda japonesa, quinientos radios a transistor y mil bandejas de bambú pintadas a mano.

A Jorge, el hermano que devengaba $1.500 al mes, se le dio idénticas instrucciones. Ya habían terminado las horas laborales cuando finalmente regresó.

—El avión de carga trajo mil bultos de seda japonesa —comenzó—. Estaban en baratillo a U$S 60 el bulto por lo que decidí comprar el lote completo. Le envié un cable a un diseñador en Nueva York ofreciéndole la seda a U$S 75 el bulto. Espero tener la orden mañana. También encontré quinientos radios a transistor, los que vendí por teléfono con una ganancia de U$S 2.30 cada uno. También había mil bandejas de bambú, pero eran de mala calidad, así que no intenté hacer nada con ellas.

Cuando Jorge dejó la oficina, el empleador sonrió.

—Usted probablemente notó —dijo— que Jacobo no hace lo que se le dice, Francisco hace sólo lo que se le dice, pero Jorge hace sin que se le diga.

El futuro está lleno de promesas para quien muestra iniciativa, porque genera confianza. Hoy es necesario recuperar la confianza. Es indispensable la confianza que produce transición ministerial. No hay nada más fatal que un ministro en quien no se puede confiar. La pérdida de confianza está taladrando las mentes de miles de creyentes a lo largo de América Latina. En la ilustración anterior, notamos cómo el empleador confiaba en su empleado al punto que este tomaba decisiones sin previa consulta.

Muchas cosas pudieron pasar en nuestra vida, pero la más fatal de ellas es la pérdida de la confianza. Confianza es la disposición voluntaria de depender de alguien porque se lo conoce.

Pablo escribiéndole a su discípulo Timoteo le dice estas palabras:

> Entre tanto que voy, ocúpate en la lectura, la exhortación y la enseñanza. No descuides el don que hay en ti, que te fue dado mediante profecía con la imposición de las manos del presbiterio. Ocúpate en estas cosas; permanece en ellas, para que tu aprovechamiento sea manifiesto a todos. Ten cuidado de ti mismo y de la doctrina; persiste en ello, pues haciendo esto, te salvarás a ti mismo y a los que te oyeren.
>
> —1 Timoteo 4:13-16

En primer lugar, le dice: *no descuides el don*, y, en segundo lugar: *Ten cuidado de ti mismo y de la doctrina*.

Hay tres cosas sobresalientes en las palabras de Pablo: El don, la persona y la doctrina. El corazón de todo es la persona. Muchos líderes tienen buenos dones y buena doctrina pero, si su carácter y su vida personal están vacíos o deformados, se pierde la confianza. Otros, son buenas personas y tienen buena doctrina pero no ejercen los dones, ello también perjudica, aunque no se pierda la confianza. Los últimos, pueden ejercer dones y ser buenas personas, pero tener una mala doctrina; sin embargo, no es tan fatal como cuando se descuida la persona. La persona del ministro es vital, porque del carácter fluye la confianza.

La Biblia nos habla de una persona cuya confianza creció

tanto que su líder no vaciló en entregarle recursos increíbles. Estoy hablando de Esdras. Él fue un sacerdote, un escriba y un gran líder. Su nombre significa "Ayuda", y toda su vida fue dedicada a servir al Señor y al pueblo de Dios. Era un ministro en plenitud. La tradición dice que Esdras escribió los libros 1 y 2 de Crónicas, Esdras, Nehemías y el Salmo 119, y además se dice que dirigió el concilio de ciento veinte hombres que formaron el canon del Antiguo Testamento. Esdras no sólo conoció la Palabra de Dios, sino que la creyó y la obedeció.

> Porque Esdras había preparado su corazón para inquirir la ley de Jehová y para cumplirla, y para enseñar en Israel sus estatutos y decretos.
>
> —ESDRAS 7:10

La confianza que rodeaba a Esdras no llegó como por arte de magia, fue el producto de un estilo de vida. En Esdras 7:10 vemos en forma de escalera ascendente los aspectos que rigieron la vida de este ministro:

para enseñar en Israel...
y para cumplirla...
para inquirir la ley de Jehová...
había preparado su corazón...
Esdras

Es una hermosa escalera que no debe faltar en una persona que desea entrar en la transición del Espíritu. Esta escalera no dice que Esdras preparó su mente, sino su corazón. Podemos preparar la mente para lo académico, pero sin corazón seremos bibliotecas andantes y carentes de vida. El inquirió o investigó, profundizó, no para hacerse doctor en teología, sino para encontrar los tesoros preciados y hermosos. El próximo escalón dice que fue para cumplirla. A lo último aparece: "para enseñarla". Podemos ser expertos en enseñar pero, si no cumplimos primero, no hay fundamento para inspirar confianza.

A Esdras le dieron increíbles recursos cuando los israelitas retornaron del exilio para la reconstrucción del templo. Esa fue una misión especial que le encomendaron.

Amados de Dios, creo que en este nuevo tiempo Dios hará transiciones ministeriales para llevarnos a *misiones especiales.* ¿A quiénes? No a todos los hijos de Dios, sino a aquellos que han preparado su corazón e inspirado confianza.

> Éste Esdras subió de Babilonia. Era escriba diligente en la ley de Moisés, que Jehová Dios de Israel había dado; y le concedió el rey todo lo que pidió, porque la mano del Señor, su Dios estaba sobre Esdras.
>
> —ESDRAS 7:6

La Biblia claramente dice que Esdras era diligente en la ley de Moisés y, por ser diligente en la Palabra de Dios, el rey le concedió todo lo que pidió, porque la mano del Señor estaba sobre Esdras. Oh, amados, cuán grandes dividendos deja el ser diligente con la Palabra que predicamos; produce una gran confianza y la mano del Señor estará sobre nosotros.

La confianza es un ingrediente vital en nuestro caminar como siervos. Te invito a hacer un ligero recorrido por el capítulo 7 de Esdras para ver todos los recursos dados por Dios a este hombre que abonó el terreno de la confianza. Estoy seguro de que en este nuevo tiempo los siervos que están listos para entrar en las transiciones han guardado la confianza y, por ello, tendrán, verán y palparán las mismas cosas que rodearon a Esdras.

Transición a misiones especiales

Esta es la copia de la carta que dio el rey Artajerjes al sacerdote Esdras, escriba versado en los mandamientos de Jehová y en sus estatutos a Israel:

Artajerjes rey de reyes, a Esdras, sacerdote y escriba erudito en la ley del Dios del cielo: Paz.

Por mí es dada orden que todo aquel en mi reino, del pueblo de Israel y de sus sacerdotes y levitas, que quiera ir contigo a Jerusalén, vaya.

Porque de parte del rey y de sus siete consejeros eres enviado a visitar a Judea y a Jerusalén, conforme a la ley de tu Dios que está en tu mano.

—ESDRAS 7:11-14

Esta era una misión especial. No se le encomendaría una misión de tal naturaleza a alguien que no inspiraba confianza. El rey Artajerjes dice: *"Por mí es dada orden que todo aquel en mi reino... que quiera ir... que vaya... conforme a la ley del Señor"*. Vienen días en los cuales el Señor nos dará misiones especiales. Aún no tenemos idea de lo que nos será asignado.

Cosas que ojo no vio, ni oído oyó, ni han subido en corazón de hombre, son las que Dios ha preparado para los que le aman.

—1 CORINTIOS 2:9

¿Estamos sembrando en el terreno de la confianza y preparando nuestro corazón para esas misiones especiales? Jamás Dios encomendará misiones especiales a quien no se haya preparado. Este es nuestro tiempo y este es nuestro día. Dios quiere levantar líderes latinoamericanos para misiones especiales, y ya ha comenzado; aún nuestros ojos no han visto lo que verán.

Transición de recursos financieros especiales

> … eres enviado… a llevar la plata y el oro que el rey y sus consejeros voluntariamente ofrecen al Dios de Israel, cuya morada está en Jerusalén.
>
> —Esdras 7:15

Esdras no sólo fue enviado en una misión especial, sino que le asignaron finanzas especiales venidas del tesoro real. Todos sabemos que para misiones espirituales no son fáciles de obtener finanzas gubernamentales. Sin embargo, Esdras vio la mano de Dios tocando al rey y a sus consejeros, y del tesoro del rey se le dio oro y plata. Las misiones especiales que Dios encomendará a sus siervos fieles de la nueva época, siervos que han buscado transiciones del Espíritu, serán respaldadas por dinero que Dios suplirá milagrosamente.

Ahora, es tiempo de recordar que somos sólo administradores de los recursos de Dios. Cuando Él abra las puertas, que nos sorprenderán, necesitaremos caminar con paso firme y a la vez cuidadoso. El corazón se desliza fácilmente si se deja enceguecer por el resplandor del oro. Jamás nos desviemos, sino seamos fieles a aquel que nos sorprende con sus recursos financieros especiales. A Él no lo podemos engañar. Es fiel en los registros.

Transición de recursos financieros del pueblo

... y toda la plata y el oro que halles en toda la provincia de Babilonia, con las ofrendas voluntarias del pueblo y de los sacerdotes, que voluntariamente ofrecieren para la casa de su Dios, la cual está en Jerusalén.

–Esdras 7:16

Esdras no sólo recibió los recursos financieros reales, sino también los recursos financieros del pueblo y de los otros ministros. La misión era impresionante y Dios sabía que necesitaba mucho dinero para eso. Además, de la sorpresa del rey, el pueblo también colaboraría. El pueblo no vacila en dar cuando ve que el Señor les confía a sus siervos misiones y recursos financieros especiales. Yo tiemblo de tristeza cuando veo gran cantidad de ministros que han iniciado misiones que Dios no les ha encomendado, pero ellos dicen que Dios se las asignó, y el dinero no llega como ellos desearían e imponen pesadas cargas sobre el pueblo. Y el pueblo, por amor al líder, por respeto, por temor o por ser fácilmente engañado por expresiones piadosas de las consabidas siembras y cosechas o pactos con Dios, entrega sus recursos, pero en sus labios queda un sabor agridulce que aún no procesa.

Los recursos financieros del pueblo son sagrados. La mujer que trabaja con dedicación, el hombre sudoroso que día a día adormece sus músculos con esfuerzo, y luego entrega su diezmo, su ofrenda o su promesa especial, son santos. Confianza es lo que el pueblo clama a sus líderes.

Si entramos en las misiones especiales que Dios nos da, no solamente proveerá sus recursos financieros especiales, sino que el pueblo será movido por Dios. A nosotros nos quedará tomar ese dinero y pensar tres veces antes de invertirlo, para estar seguros de que es usado en el cumplimiento de la misión especial.

Transición de recursos materiales

Comprarás, pues, diligentemente con este dinero becerros, carneros y corderos, con sus ofrendas y sus libaciones, y los ofrecerás sobre el altar de la casa de vuestro Dios, la cual está en Jerusalén. Y lo que a ti y a tus hermanos os parezca hacer de la otra plata y oro, hacedlo conforme a la voluntad de vuestro Dios. Los utensilios que te son entregados para el servicio de la casa de tu Dios, los restituirás delante de Dios en Jerusalén. Y todo lo que se requiere para la casa de tu Dios, que te sea necesario dar, lo darás de la casa de los tesoros del rey.

—Esdras 7:17-20

El rey no sólo pensó en finanzas, sino también en recursos materiales: muebles y utensilios. Me gusta leer las palabras: *"Comprarás, pues, diligentemente... Y lo que a ti y a tus hermanos os parezca hacer de la otra plata y oro, hacedlo conforme a la voluntad de vuestro Dios".* Dos frenos importantes en las manos de Esdras fueron la diligencia y la voluntad de Dios. En las misiones especiales que ya están llegando hasta nosotros, Dios quiere que mantengamos los mismos dos frenos en la inversión de recursos para la adquisición de bienes materiales: *diligentemente* y *conforme a la voluntad de Dios.*

Los recursos materiales son necesarios para la realización de las misiones encomendadas. En nuestro corazón necesitarán estar estos dos frenos.

Transición de órdenes especiales

> Y por mí, Artajerjes rey, es dada orden a todos los tesoreros que están al otro lado del río, que todo lo que os pida el sacerdote Esdras, escriba de la ley del Dios del cielo, se le conceda prontamente, hasta cien talentos de plata, cien coros de trigo, cien batos de vino, y cien batos de aceite; y sal sin medida. Todo lo que es mandado por el Dios del cielo, sea hecho prontamente para la casa del Dios del cielo; pues, ¿por qué habría de ser su ira contra el reino del rey y de sus hijos?
>
> Y a vosotros os hacemos saber que a todos los sacerdotes y levitas, cantores, porteros, sirvientes del templo y ministros de la casa de Dios, ninguno podrá imponerles tributo, contribución ni renta.
>
> —ESDRAS 7:21-24

Cuando Dios encuentra un corazón humilde, no contaminado, puro y apartado en el servicio genuino para Él, emite órdenes especiales. Son órdenes que impresionan. Es importante notar que esas instrucciones no llegan en un vacío; están sustentadas en un fundamento muy sólido, el fundamento de la confianza. La orden para los tesoreros era que todo lo que pidiera Esdras fuera dado prontamente. Dicho en otras palabras: que no haya tanta burocracia. Ahora, ¿a quién se le despeja el camino de la burocracia? Al que inspira confianza. Sin embargo, hay límite. No nos equivoquemos. Dios sabe que necesitamos un límite, porque el corazón humano sin límite es como potro desbocado rumbo a un despeñadero. Sin embargo, el límite no es estrecho. Miremos:

Cien talentos de plata: Cada talento en Babilonia era de unos 60 kilos. Quiere decir que a Esdras le serían entregados el equivalente a 6.000 kilos de plata.

- Cien coros de trigo: 22.000 litros.
- Cien batos de vino: 2.200 litros.
- Cien batos de aceite: 2.200 litros.

Curiosamente, hay en la lista algo que no tiene límite según el rey. Dijo: *"Sal sin medida".* Sabemos la importancia de la sal. Una de sus propiedades es que impide que algo se corrompa. Por ello el Señor dijo*: "Vosotros sois la sal de la tierra; pero si la sal se desvaneciere, ¿con qué será salada? No sirve más para nada, sino para ser echada fuera y hollada por los hombres".* Como personas en transición, necesitamos muchísima sal. Con los recursos que Dios nos pone en las manos, que no falte la sal. Leonardo Da Vinci pintó el famoso cuadro de la santa cena. Él sabía el valor de la sal en los tiempos de Cristo. En la pintura Judas volteó con su brazo el tarro de sal, y la sal se ve derramada en la mesa. Este es un símbolo de la pérdida de confianza y lealtad. Amados, que no derramemos la sal con nuestras actitudes y nuestro corazón torcido.

El rey terminó de aclarar que no serían colocados tributos ni rentas a estos hombres con misiones especiales. Cuántas veces hemos cargado al pueblo con tributos, ofrendas, contribuciones y cargas que lejos de liberar a la congregación la sobrecargaron? Si somos fieles en lo que Dios nos encomienda, liberaremos al pueblo de tributos y rentas. Dios dará los recursos si en tu vida aumenta la confianza.

Transición especial de recursos humanos

Y tú, Esdras, conforme a la sabiduría que tienes de tu Dios, pon jueces y gobernadores que gobiernen a todo el pueblo que está al otro lado del río, a todos los que conocen las leyes de tu Dios; y al que no las conoce, le enseñarás.

–ESDRAS 7:25

La confianza se extendió mucho más allá de lo material o lo financiero, llegó hasta lo más importante: los recursos humanos. *"Conforme a la sabiduría que tienes de tu Dios"*, dijo el rey. ¿Ya estás usando la sabiduría que Dios te ha dado? Las misiones especiales de Dios exigen personas, pero personas adecuadas para los ministerios adecuados. Nos corresponde a nosotros colocar esas personas. Dios nos las va a dar. Él nos sorprenderá con la gente que necesitemos. Dios enviará los expertos y los no expertos. A los no expertos les enseñaremos, y a los expertos los liberaremos para que puedan ministrar al ciento por ciento los dones y las capacidades dadas por Dios.

En las transiciones del Espíritu, no hay lugar para aquellos que han limitado el ministerio de otro. Somos los propulsores de ministerios. Somos el trampolín para que otros puedan saltar bien alto y caer en la piscina de la liberación ministerial con elegancia. ¡Aleluya!

La respuesta a las transiciones especiales

Aparté luego a doce de los principales de los sacerdotes, a Serebías y a Hasabías, y con ellos diez de sus hermanos; y les pesé la plata, el oro y los utensilios, ofrenda que para la casa de nuestro Dios habían ofrecido el rey y sus consejeros y sus príncipes, y todo Israel allí presente.

Pesé, pues, en manos de ellos seiscientos cincuenta talentos de plata, y utensilios de plata por cien talentos, y cien talentos de oro; además, veinte tazones de oro de mil dracmas, y dos vasos de bronce bruñido muy bueno, preciados como el oro.

Y les dije: Vosotros estáis consagrados a Jehová, y son santos los utensilios, y la plata y el oro, ofrenda voluntaria a Jehová Dios de nuestros padres.

Vigilad y guardadlos, hasta que los peséis delante de los príncipes de los sacerdotes y levitas, y de los jefes de las casas paternas de Israel en Jerusalén, en los aposentos de la casa de Jehová.
Los sacerdotes y los levitas recibieron el peso de la plata y del oro y de los utensilios, para traerlo a Jerusalén a la casa de nuestro Dios.

—ESDRAS 8:24-30

Felices los líderes que entran en la transición ministerial del Espíritu, porque ellos responderán con fidelidad a las asignaciones especiales de Dios. Esdras trabajó en equipo y tuvo un grupo que lo guardó de cualquier tentación. Miremos este equipo:

- Doce sacerdotes principales.
- Príncipes de los sacerdotes y levitas.
- Jefes de las casas paternas de Israel.
- Todo Israel presente.

Qué bueno es cuando una persona responde a la confianza de Dios o de sus superiores con una actitud de vulnerabilidad y escrutinio. No tenemos nada que ocultar y, a la vez, podemos protegernos.

Ánimo amados, vayamos a la transición con confianza. Dios lo quiere, el pueblo lo pide a gritos y nuestro corazón lo anhela.

Dios, ayúdanos a preparar nuestro corazón para las misiones especiales que nos tienes por delante. Hoy respondemos a ti con todo el corazón. Sabemos que son misiones grandes, pero ya tienes listo lo que necesitamos para llevarlas a cabo. Líbranos de romper la confianza que tienes en nosotros y la confianza del pueblo. Amén.

Reflexión

1. ¿Qué misiones especiales Dios me ha encomendado en los últimos cinco años?

2. ¿Cómo las he enfrentado?

3. ¿En qué áreas necesito prepararme más para responder efectivamente?

4. ¿Cómo estoy manejando las finanzas de Dios, las del pueblo y las mías?

5. ¿Cómo estoy administrando los recursos materiales y humanos?

CAPÍTULO 5

LA VISIÓN MUESTRA LA TRANSICIÓN

Visión no es lo que veo desde dónde estoy hacia adelante, sino cuando contemplo desde dónde vengo, dónde estoy y hacía dónde me dirijo.

—SERAFÍN CONTRERAS G.

Hay momentos en nuestra vida cuando *sabemos* que tenemos una gran idea, aunque haya bastante detractores alrededor que quieran convencernos de que no lo es. La visión impulsa más allá de lo negativo con una sonrisa en el rostro.

Hace algunos años, un joven dinámico comenzó como dependiente en una ferretería. Como muchas ferreterías de antaño, el inventario incluía artículos que estaban obsoletos o eran rara vez solicitados por los clientes, y que sumaban miles de dólares.

El joven fue lo suficientemente listo como para darse cuenta que ningún negocio exitoso podría mantener tal inventario y aún producir ganancias. Propuso un baratillo para salir del inventario. El dueño estaba reticente pero, finalmente, aceptó permitirle montar una mesa en medio de la tienda para vender los artículos más viejos. El precio de todos los artículos fue fijado en diez centavos. El baratillo fue un éxito, por lo que se autorizó al joven a realizar una segunda venta, que fue tan exitosa como la primera.

Esto le dio al joven dependiente una idea: "¿Por qué no abrir una tienda que se dedicase exclusivamente a la venta de artículos de cinco y diez centavos? Él podría encargarse de la tienda y el dueño proveería el capital.

El jefe no se mostró muy entusiasmado.

–El plan nunca va a funcionar –dijo–, porque no puedes encontrar suficientes artículos para vender por cinco y diez centavos.

El joven se frustró; pero, finalmente, lo hizo por su cuenta y ganó una fortuna con su idea. Su nombre fue F.W. Woolworth, propietario de lo que sería más tarde la cadena Woolworth en los Estados Unidos. La visión del joven marcó la diferencia y lo llevó a una transición, de ser un empleado a propietario de su propia tienda.

La Biblia habla con claridad de la importancia de la visión. Los líderes necesitamos estar envueltos en ella. Un líder sin visión no es un líder verdadero. Ahora, es necesario que hagamos una diferencia entre *impulso y visión*. El impulso es algo que se produce por factores externos o internos pero sin fundamento espiritual. La visión es el producto de una semilla plantada por el mismo Dios en el corazón humano.

Visión no es mirar lo que está delante de mí y proyectarme hacia esa meta, sino mirar hacia atrás y ver cómo Dios ha estado trabajando en toda la trayectoria de mi vida; mirar el presente y saber que estoy donde estoy, porque Él me preparó en el pasado para lo que estoy haciendo ahora; y mirar al futuro convencido de cuál es mi destino, seguro de que estoy haciendo lo que hago porque Dios me está preparando para el lugar donde me va a poner mañana. *Visión* es toda la trayectoria de mi vida y todo el proceso divino de Dios en esa trayectoria. Como líder no podré proyectarme al futuro si no estoy ubicado en mi presente y sanado de mi pasado.

No hay cosa más frustrante que encontrar líderes que han perdido la visión o jamás la han tenido. El asna de Balaam tuvo más visión que el profeta, por lo menos Dios le dio la capacidad de ver el obstáculo en el camino, mientras el profeta carecía de total visión.

La visión que precede a la transición es una urgencia en el liderazgo latinoamericano. Hoy muchos hablan de visión, pero la realidad de sus vidas está muy lejos de las palabras. Hay muchos líderes que aman sus ideas, sus propias ambiciones.

El principal enemigo de un visionario no es lo malo, es lo bueno que sacrifica lo excelente. Muchos ni siquiera están convencidos de la necesidad de vivir con visión.

El líder sin visión no sabe esperar, por lo tanto no sabe perseverar. Habacuc habla de que la visión tardará, pero luego se apresurará (Habacuc 2:3). Es una realidad que las genuinas visiones de Dios regularmente tienen un proceso largo de espera. Lo vemos en la visión de Moisés de liberar su pueblo, tardó cuarenta años. La visión de Abraham de ver su descendencia, se prolongó tanto que quiso ayudar a Dios con su sierva Agar. La visión de Jesús de rescatar la humanidad esperó treinta años de vida acá en la tierra antes de su ministerio público.

La visión es una perspectiva de la guía de Dios. Pone fronteras y restricciones (Proverbios 29:18). La visión da curso de acción y dirección.

La Biblia nos habla en Hechos 16:9 de la visión recibida por Pablo de un varón Macedonio que lo invitaba a llevarles el evangelio. ¿Cuál era la distancia más corta entre Troas y Macedonia?: *la visión.*

Características de una persona con visión para la transición

Según Hechos 9:10-19 una persona que tiene visión para la transición presenta las siguientes características.

1. Siempre dice: "Heme aquí, Señor"

Dios no siempre llama a los conocidos y grandes. A veces les da visión a los que nadie conoce. Muchas veces los que tenemos experiencia en el ministerio quedamos atónitos cuando vemos que Dios echó mano de un joven con poca experiencia, pero que se aferró a la visión dada por Dios. Dios no nos pide permiso a los veteranos para ejecutar sus planes y compartir su visión con los nuevos. Esta es una verdad que necesitamos entender.

La Biblia habla de un discípulo muy poco conocido *"llamado Ananías"* (v. 10). Para entender la visión necesito empezar por ser un discípulo. Muchos quieren echar mano de una visión prestada o tener una visión divina, sin haber aprendido a ser discípulo. La visión no es para aquellos que esconden su rebeldía e insumisión en la famosa frase: "Dios y yo", "no necesito de nadie". Es falso. Yo solo no me basto y necesito tener mentores en mi vida. Qué hermoso es tener una red de apoyo. El renuevo de la visión comienza cuando se es un discípulo, primero de Jesús, pero también de alguien a quien Dios ha dotado de ministerio.

2. Recibe instrucciones específicas

Dios jamás improvisa. Jamás nos dará una visión que quede en la nebulosa. Nuestro Dios es específico y claro. Él le dijo a Ananías *"Ve a la calle que se llama Derecha, y busca en casa de Judas a uno llamado Saulo, de Tarso…"* (v. 11-12). Nuestro padre celestial es específico y detallado. Cuando la renovación de la visión llega, no quedamos en penumbras. En primer lugar, Dios ha trabajado su visión en nuestra vida desde antes de nacer. A Jeremías le dijo: *"Antes que te formase en el vientre (…) te di por profeta a las naciones"* (Jeremías 1:5).

Si es cierto que Dios ha estado trabajando a lo largo de mi existencia, entonces, muchos detalles, esquinas, encrucijadas de mi vida, no han quedado en las sombras sino que, a medida que el tiempo pasa, la luz de Dios comienza a darles sentido. Dios nos da detalles de antemano y comienza a arrojarnos luz. Es muy probable que en estos días Él esté arrojando luz a tu vida y ministerio. En una ocasión, en relación con la visión que me había dado, el Señor comenzó a mostrarme detalles de lo que sería mi próximo paso con dos años de anticipación. Con Él podemos caminar seguros.

3. Encuentra siempre confirmación

Ananías iba seguro a la casa señalada por Dios, porque Él ya le había confirmado a Pablo su visita. Cuando Dios da una visión, la confirma a través de otros. *"Ha visto en visión a un hombre llamado Ananías que entra y le pone las manos encima para que recobre la vista"* (v. 12). Las confirmaciones son específicas y claras. Podemos ver que el trabajo de Dios es como un tejido suave y lleno de colores. Cada fibra en su lugar. Dios siempre confirma la visión. Podemos dudar de lo que no está confirmado, porque Dios usa la confirmación a través de hechos, palabras o personas. No te angusties si la confirmación no ha llegado, tampoco te apresures, quédate quieto mientras Dios confirma. A veces, nos adelantamos a Dios por no esperar la confirmación. José fue un hombre que de jovencito recibió la visión de que Dios lo usaría para rescatar a su familia. Dos veces recibió sueños. Génesis 37:5 dice: *"Y soñó José un sueño, y lo contó a sus hermanos; y ellos llegaron a aborrecerle más todavía".* José, sin duda se apresuró a contar la visión, y a las personas equivocadas. Cuántas veces podemos aplastar una visión por no esperar confirmación o por contar a oídos no adecuados. El líder dispuesto a la transición espera la confirmación.

4. Descubre y muestra sus debilidades

Un hombre o una mujer que recibe una visión no se enorgullecen y creen que ahora son poderosos. Muchos siervos de Dios se han dejado embriagar con los aromas letárgicos de la visión. Es fácil enorgullecernos cuando comenzamos a ver lo que Dios nos entrega y terminar diciendo como Nabucodonosor: *"Todo esto lo he construido yo",* cuando muy bien sabemos que si no es por el Señor estaríamos en el total anonimato. Cuando Ananías vio lo que Dios le había encomendado en esa visión, retrocedió y tembló.

> Entonces Ananías respondió: Señor, he oído de muchos acerca de este hombre, cuántos males ha hecho a tus santos en Jerusalén; y aun aquí tiene autoridad de los principales sacerdotes para prender a todos los que invocan tu nombre.
>
> –Hechos 9:13-14

Sin embargo, Ananías sacó su temor y lo presentó al Señor. Vio su lado flaco. No se hizo autosuficiente. La visión de Dios siempre es impresionante; muchas veces diremos ¿será esto posible?, ¿podré yo cumplirlo? Ananías sabía que Dios le había encomendado una gran tarea, llevar el evangelio y discipular a un hombre conocido como un perseguidor de la Iglesia, esa era una gran transición. Cuando nos sentimos pequeños ante las grandes tareas que Dios nos encomienda, es el momento para poder ver la grandeza de Dios.

5. Clarifica su visión luego de expresar sus debilidades

Cuando con honestidad reconozco que soy pequeño, que la visión de Dios es grande y hasta tiemblo en su presencia, entonces Dios comienza a clarificarme la visión de una manera más detallada. Dios le mostró su propósito a Ananías cuando él tembló: *"instrumento escogido me es este"* (v. 15); y no sólo le clarificó la visión sino que también le mostró la misión que Dios tenía para Pablo: *"para llevar mi nombre"*. Toda visión me debe llevar a una misión. La visión se traducirá en grandes misiones que Dios se propuso realizar en nosotros, a través de nosotros y por nosotros. ¿Estás preparado para una misión grande en este nuevo milenio? Comienza por atrapar la visión de transición que Dios te da y Él te la clarificará.

6. Encuentra nuevas puertas para una nueva dimensión

"Fue entonces Ananías y entró en la casa" (v. 17). Nunca había pensado ir a esa casa; quizás ni siquiera sabía de su existencia hasta que Dios se la describió. La Biblia dice que cuando Ananías llegó al lugar, entró. Cuando Dios abre puertas es mejor entrar. Dios jamás le abre puertas a nadie sin que antes lo haya preparado. Quizás tú has sido de los que esperan confirmación de Dios para entrar por una puerta que Dios abrió. Recuerda que Él dijo: *"Yo conozco tus obras; he aquí, he puesto delante de ti una puerta abierta, la cual nadie puede cerrar; porque aunque tienes poca fuerza, has guardado mi palabra, y no has negado mi nombre"*. En los próximos meses de tu vida, Dios te abrirá una puerta, te introducirá en una

transición, y cuando eso acontezca, entra con autoridad y firmeza como lo hizo Ananías.

"Y poniendo sobre él las manos". Nunca había pensado ministrar a ese hombre, sin embargo, cuando llegó donde estaba Pablo puso sus manos sobre él y lo ministró.

En el año 1997 estaba visitando La Habana, Cuba; mientras compartía con los hermanos allí, una de las hermanas me dijo:

—Hermano Serafín, vayamos al hospital militar que allí hay un abogado y militar a quien le han hecho una operación en el corazón y le tienen que hacer dos más. ¿Quisiera ir con nosotros para visitarlo y orar por él?

Sentí un poco de retraimiento ya que era una persona que había sido vicecónsul de Cuba en Nicaragua y capitán en la guerra de Angola. Era un hospital militar y el reto era grande. Sentí que Dios hablaba a mi corazón y me decía: "Ve, porque el instrumento lo he escogido yo". Cuando llegamos a la habitación, encontramos a un hombre moribundo con tubos en sus fosas nasales y que casi no podía hablar. Lo visitamos y, al despedirnos, puse las manos sobre este hombre y oré con autoridad, entendiendo que era una puerta que Dios había abierto. Salimos de allí. Cuando regresé, unos meses más tarde, encontré a este hombre, cuyo nombre es Manolito, esperándome. Me contó que, luego de nuestra visita, se recuperó inmediatamente y no hubo necesidad de más operaciones. Me dijo:

—Quiero que sepa que me convertí, me bauticé hace un mes y quiero estudiar teología. —Luego agregó—: antes fui profesor de ateísmo en la universidad, pero ahora quiero ser maestro de la Biblia.

Dios escoge sus instrumentos y los pone cerca de nosotros para que con autoridad los ministremos. Miles de instrumentos preciosos, que están ahora en las tinieblas, Dios los va a alcanzar y los va a poner cerca de ti, para que los toques con autoridad y firmeza de Dios.

7. Encuentra un ministerio lleno de autoridad y de metas

Ananías no habló con temor, sino con autoridad y con metas claras: *"Hermano Saulo, el Señor Jesús, que se te apareció en el camino por donde venías, me ha enviado para que recibas la vista y seas lleno del Espíritu Santo* (v. 17)*".* Notemos la autoridad y la seguridad con la cual habló. *"Me ha enviado",* son palabras de misión definida. Ananías le compartió claridad, salvación, sanidad y llenura.

Puede ser que en los últimos años, en tu vida y ministerio, te hayas sentido seco, vacío, infructífero y temeroso. Hoy, en el nuevo camino del nuevo tiempo, el Señor quiere renovarte para que ministres con autoridad y con metas específicas liberando a todos aquellos a quienes Dios pone cerca de ti. Esta es la invitación del Señor. Cuando entramos en la transición divina, Dios nos da firmeza y claridad, y en autoridad nos movemos y vemos el respaldo divino; la visión no se oscurece sino que se intensifica como la luz de la aurora hasta que el día es perfecto.

8. Transmite visión a otros

"Y al momento le cayeron de los ojos como escamas, y recibió la vista" (v. 18). Una persona de visión no toma la visión como suya propia, sino que la comparte con otros. El mayor placer de una persona renovada es ver cómo se caen las escamas de la tradición, de la ignorancia, de la obstinación o de la mediocridad en aquellos a quienes ministra.

Una persona de visión, cuando comparte la visión, hace que otros:

1. Se levanten. *"Y levantándose"*. Cuántos Pablos se encuentran sentados en la orilla del camino muy cerca de ti. Quizás ni los has mirado porque crees que no sirven. Sin embargo, Dios te dice: "Entra en la transición porque quiero quitar, primero, las escamas de tu vista espiritual, para que luego ministres a esos Pablos desconocidos y les transmitas la visión".

2. Den pasos de fe. Y Pablo *"fue bautizado"*. La persona renovada en la visión no descansa hasta no ver a sus Timoteos dando pasos de obediencia y fe.

3. Se alimenten y nutran. *"Y habiendo tomado alimento"* (v. 19). Cómo un padre amoroso por sus hijos, una persona renovada en visión extiende su mano llena de alimento para fortalecer al que está hambriento de Dios.

4. Se recuperen. Sin fuerzas se encontraba Pablo, pero allí estaba Ananías para impartírselas. Dice la Palabra que Pablo *"recobró fuerzas"*. Muchos cerca de ti ya no tienen ánimo. Cuántos están sentados en las bancas de la iglesia domingo tras domingo y ya no pueden más. Cuando entres en la renovación de la plenitud de la visión, tú les infundirás nuevas fuerzas.

9. Está dispuesta a desaparecer para que otros crezcan

"Y habiendo tomado alimento, recobró fuerzas. Y estuvo Saulo por algunos días con los discípulos que estaban en Damasco" (vv. 19). Al final del pasaje desaparece la figura de Ananías, sólo aparece la figura de Pablo. Un hombre de visión sabe cuándo su misión termina. Todos los hombres y mujeres de la Biblia, que fueron impregnados con una gran visión, entendieron cuándo su papel terminaba. El más destacado ejemplo de esto, es nuestro Señor Jesucristo. Él sabía que su visión tendría su clímax en la cruz del Calvario. Qué interesante hubiese sido si, inmediatamente

después de la resurrección, hubiera desarrollado un ministerio más exitoso a los ojos de los hombres. Pero el Señor sabía que necesitaba irse y dejar que la visión la continuaran los discípulos. A lo largo de la historia de la Iglesia encontramos tristes registros de hombres y mujeres a quienes Dios les entregó una gran visión pero, por no entender las transiciones ministeriales, no supieron entender cuándo su tiempo terminó.

Una persona de visión y transición conoce cuándo su tiempo termina, entiende que la visión que Dios le dio no es para que se perpetúe, y sabe cómo hacer para que otros crezcan. Juan el Bautista dijo: *"Es necesario que yo mengüe para que él crezca"*.

Nosotros somos pasajeros, pero la obra de Dios permanece. No nos aferremos a la visión ni a la obra resultado de la visión, sino a aquel que nos dio la visión e hizo florecer la obra. Y cuando Él nos diga: *"Se acabó"*, sepamos agacharnos para tomar la maleta e irnos a otro lugar adonde Dios nos entregará otra visión y otra misión, mientras los que quedan detrás de nosotros continúan, no con nuestra obra, sino con la obra de Aquel que se entregó por nosotros.

Quiero finalizar esta sección con algunos chispazos que resumen la visión de un hombre o mujer que han sido renovados en la plenitud de la visión de Dios:

La visión es una semilla plantada por Dios en el espíritu de un siervo humilde y obediente. Jamás se establece en la arena movediza del deseo egoísta del siervo, sino en el terreno sólido del Dios vivo.

Es un panorama claro de lo que Dios quiere y cuándo lo quiere. Los visionarios ven lo que los mediocres no ven. Ven todo el tapiz de sus vidas desde el ayer, el hoy y levantan sus miradas seguras hacia el mañana.

La visión de Dios nunca busca la aprobación de la mayoría, sino que se mueve en la minoría, porque son menos los que ven y muchos los que no creen.

Un líder sin visión no es líder; una visión sin líder no palpita.

La visión no siempre produce iglesias grandes e iglesias grandes no siempre tienen visión. Cuando la visión es bien presentada al pueblo hace desaparecer la duda y el temor. Pero la visión que mucho se publica termina adormeciendo la mente y el corazón del pueblo. La visión no es sostenida por palabras, sino por hechos concretos y sólidos.

La visión que viene de la mano de Dios no está limitada ni por el espacio, ni por el tiempo, ni por los recursos. La que no nace de Dios entusiasma al líder y al pueblo por un tiempo, pero luego se torna tediosa y aburrida. La visión de Dios siempre nos desnuda para luego vestirnos de humildad y sencillez.

A la visión de Dios a veces la rodean los "hosannas" y, otras veces, los "crucifícale". El visionario debe estar dispuesto a ser lanzado al foso de los leones o crucificado en el monte Calvario. La visión se convierte en una razón para vivir. Aunque, cada vez que Dios de una visión sobren quienes quieran matarla. El proceso de una visión siempre tiene una etapa de muerte seguida de una resurrección. Vivimos en la visión o morimos sin visión.

La visión que solo enfatiza riqueza y dinero, es visión bancaria; la que enfatiza el corazón y la sencillez, es visión vicaria.

La visión en el líder no es una opción, es una viva relación. El líder que no incorpora valores en su vida no podrá hablar de visión, porque la columna vertebral de la visión son los valores.

Reflexión

1. ¿Estamos caminando en la visión?

2. ¿Tenemos en nuestro corazón las buenas semillas para ser gente de visión?

3. La reflexión es necesaria.

CAPÍTULO 6

LAS TRANSICIONES NACEN, CRECEN Y SE IMPULSAN EN EL ALTAR

No visualices en tu mente un trono en el cielo sintiendo que todo esta allá le-jos. Dios ha puesto su trono en nuestro corazón y nosotros somos el templo del Espíritu Santo. Cuando Él libera su poder no es desde el cielo sino desde su trono, desde nuestro corazón.

—DUTCH SHEETS

Un ministro estaba dando un recorrido por la iglesia al medio-día... Al pasar por el altar decidió quedarse cerca para ver quién había venido a orar. En ese momento se abrió la puerta, el mi-nistro frunció el entrecejo al ver a un hombre mayor acercándose por el pasillo; estaba sin afeitarse desde hacía varios días, vestía una camisa rasgada, tenía un abrigo gastado cuyos bordes habían comenzado a descoserse. El hombre se arrodilló, inclinó la cabeza, luego se levantó y se fue. Durante los siguientes días el mismo hombre, siempre al mediodía, entraba a la iglesia cargando una maleta...; se arrodillaba brevemente y luego volvía a salir.

El ministro, un poco temeroso, empezó a sospechar que se

tratase de un ladrón, por lo que un día se puso en la puerta de la iglesia y cuando el hombre se disponía a salir le preguntó:

—¿Qué haces aquí?

El hombre dijo que trabajaba en la zona, que tenía media hora libre para el almuerzo y aprovechaba ese momento para orar.

—Sólo me quedo unos instantes, sabe, porque la fábrica queda un poco lejos, así que sólo me arrodillo y digo: "Señor, solo vine nuevamente para contarte cuán feliz me haces cuando me liberas de mis pecados...; no sé orar muy bien, pero pienso en ti todos los días... Así que, Jesús, este es Jim, reportándose".

El pastor, sintiéndose un tonto, le dijo a Jim que estaba bien y que era bienvenido a la iglesia cuando quisiera. Luego se arrodilló ante el altar, sintió derretirse su corazón con el gran calor del amor de Jesús. Mientras lágrimas corrían por sus mejillas, en su corazón repitió la plegaria de Jim: "Sólo vine para decirte, Señor, cuán feliz fui desde que te encontré a través de mis semejantes y me liberaste de mis pecados... No sé orar muy bien, pero pienso en ti todos los días... Así que, Jesús, soy yo, reportándome".

Cierto día, el pastor notó que el viejo Jim no había venido. Los días siguieron pasando sin que Jim volviese para orar. Continuaba ausente, por lo que comenzó a preocuparse. Un día fue a la fábrica a preguntar por él; allí le dijeron que estaba enfermo; que, pese a que los médicos estaban muy preocupados por su estado, todavía creían que tenía una oportunidad de sobrevivir. La semana que Jim estuvo en el hospital trajo muchos cambios, porque él sonreía todo el tiempo y su alegría era contagiosa. La jefa de enfermeros no podía entender por qué Jim estaba tan feliz, ya que nunca había recibido ni flores, ni tarjetas ni visitas. El pastor se acercó al lecho de Jim con la enfermera y esta le dijo, mientras Jim escuchaba:

—Ningún amigo ha venido a visitarlo, no tiene a donde recurrir.

Sorprendido, el viejo Jim dijo con una sonrisa:

—La enfermera está equivocada... Ella no sabe que todos los días, desde que llegué aquí, a mediodía, un querido amigo mío viene, se sienta aquí en la cama, me agarra de las manos, se inclina sobre mí y me dice: "Sólo vine para decirte, Jim, cuán feliz fui desde que encontré tu amistad y te liberé de tus pecados. Siempre me gustó oír tus plegarias, pienso en ti cada día. Así que, Jim, este es Jesús reportándose".

Como hijos del Señor es tiempo para una vida devocional, para decirle cada día a Jesús: "Aquí estoy, reportándome...", porque así como Jim, que fue llevado a la transición más grande hacía la eternidad, nosotros no podremos ver nacer una transición fuera del altar.

La pérdida de una vida devocional profunda y consistente nos está llevando a una situación de crisis de integridad y honestidad. Hechos 12 nos presenta la hermosa pintura del valor de la oración que produce cambios en la vida de una persona. Sé que los cristianos hablamos continuamente de oración, pero lo clave ahora no es lo que hablamos sino lo que oramos.

> En aquel mismo tiempo el rey Herodes echó mano a algunos de la iglesia para maltratarles. Y mató a espada a Jacobo... procedió a prender también a Pedro...; y se proponía sacarle al pueblo después de la pascua.
>
> —HECHOS 12:1-4

Cuatro cosas hizo Herodes en aquellos días con los líderes de la iglesia. Los maltrató, mató algunos, puso presos a otros y los expuso a la vergüenza pública. Amados, en estos días Satanás ha estado haciendo lo mismo con los siervos y siervas de Dios. A algunos los ha maltratado, a otros les ha matado sentimientos, ilusiones y sueños, a otros los privó de la libertad, física o emocionalmente, y a otros los ha expuesto a la vergüenza pública. Sin embargo, aunque en Hechos 12 los primeros cuatro versículos presentan este panorama, el versículo 5 dice: *"Así que Pedro estaba custodiado en la cárcel; pero la iglesia hacía sin cesar oración a Dios por él"*. ¡Aleluya! Acá está una iglesia que hace oración sin cesar ante el maltrato, la muerte, la privación de la libertad y la exposición a la vergüenza pública de sus líderes.

El ambiente no era muy saludable, el versículo 6 dice que Pedro dormía *"entre dos soldados, sujeto con dos cadenas, y los guardas delante de la puerta custodiaban la cárcel"*. Se habían asignado doce soldados para un hombre inerme como Pedro. ¿Por qué? Seguro estoy que Herodes sabía la vida devocional de Pedro. Sabía que Pedro servía a un Dios vivo y poderoso. No había olvidado lo sucedido el día de la resurrección de Jesús y lo acontecido cuando Pedro fue liberado de la cárcel por un ángel. Buena cosa es cuando nuestro enemigo está consciente de que los ministros de Dios tenemos buena vida devocional.

¿Qué sucedió mientras la iglesia oraba y Pedro mantenía el contacto con el Señor a quien servía? Veamos y comprendamos en este día las claves en la vida devocional de un ministro que entiende la transición.

La vida devocional de uno que entiende la transición...

1. Hace que sucedan cosas inesperadas

"Y he aquí que se presentó un ángel del Señor" (v. 7). Pedro dormía; sabía que Dios respondería, por eso descansaba. Pero su sueño fue interrumpido por una visita celestial inesperada: un ángel en la

cárcel. Cuando nuestra vida devocional está plena, podemos esperar respuestas inesperadas. Aun ángeles del cielo estarán a nuestro alrededor. Un día mi esposa y yo fuimos las playas de Quepos en Costa Rica aprovechando una tarde libre en una actividad en la estábamos ministrando. Mientras nos bañábamos, nos alejamos un poco de la orilla y de pronto una corriente de agua nos arrastró a donde no podíamos tocar fondo. Cuando me di vuelta y vi el pánico en mi esposa, la angustia de apoderó de mí. Quise nadar hacia ella pero la corriente me llevaba más y más lejos; por un momento pensé que de ahí no saldríamos. En ese momento noté a un hombre cerca de mi esposa, con traje de baño amarillo y sus brazos cruzados, sonriendo y de pie, el agua le daba en las rodillas... Le grité: ¡Señor, por favor sáquela a ella! Me sorprendió la sonrisa que estaba en sus labios. Se acercó despacio a mi esposa y la sacó. Cuando ella estuvo a salvo, algo me sacó a mí adonde podía tocar la arena. Estábamos lejos de la orilla, los dos comenzamos a caminar tomados de la mano y pálidos por el susto; cuando nos dimos vuelta para agradecer a este hombre el haberla sacado... no estaba. Era imposible que hubiese salido tan rápido. Ese día me convencí de que a veces los ángeles se ponen traje de baño y también van a la playa... ¡a rescatar a los siervos de Dios! Más tarde supe que otro líder en ese día sintió carga de oración por nosotros. No dejemos de ver cosas inesperadas por la pérdida de nuestra vida devocional.

2. Trae luz

"... y una luz resplandeció en la cárcel" (v. 7). Sí, a veces en la vida nos sentimos como en una cárcel y sin un rayo de luz cerca de nosotros. Pero, si hemos mantenido una vida devocional activa,

en cualquier momento, la luz resplandecerá por nosotros o a favor de otros.

En una época me sentí sin luz, como si una sombra se hubiese puesto sobre mí. Perdí en esos días el deseo de orar y de buscar el resplandor de Su gloria, mientras la tristeza me rodeaba. Le dije a mi esposa que hacía como cinco días que no tenía ánimo de orar, lo seguía haciendo pero sin fervor y no quería sentirme así. Al otro día entré en mi oficina en Panamá para orar, pero con el mismo sentir; mientras oraba sin ánimo y deseo, de pronto la sombra se rompió y, casi literalmente, sentí como un rayo de luz entró e iluminó mi mente, la tristeza desapareció y volví a sentir el anhelo y la alegría. Salí de la oficina y le dije a mi esposa: "Se acaba de romper lo que por seis días he sentido". Al día siguiente fuimos a la ciudad de Colón y, mientras mi esposa ministraba, yo salí a caminar un poco. El pastor Adolfo Hudson, quien ahora está con el Señor, detuvo su automóvil, me saludó y me dijo:

—Hermano, hace unos seis días Dios me ha puesto una inquietud dentro del corazón de orar por usted. No sé qué ha pasado, pero déjeme decirle que he estado gimiendo por usted. Le conté lo que había experimentado y juntos dimos gracias a Dios. El Señor movió a otro líder a interceder por mí y un rayo de luz llegó a la cárcel. Vale la pena renovarnos cada día en la vida devocional.

3. Produce libertad

"Y las cadenas se le cayeron de las manos" (v. 7). ¡Qué transición! Gloria a Dios. Una vida devocional trae libertad. A veces hay cadenas que quieren impedirnos ministrar, como fue la situación de Pedro. La oración activa el poder de Dios y las cadenas se despedazan ante nuestros atónitos ojos. Quizás te has sentido atado,

encadenado, sin poder ministrar al cien por ciento. Activa tu vida devocional y verás las cadenas cómo se despedazan.

Un paréntesis:
El versículo 8 es lo que yo llamo el paréntesis de la oración; se interrumpen los milagros, los que vuelven en el versículo 9. ¿Qué es este paréntesis? El versículo 8 indica que Dios hará lo que tú no puedes hacer, pero jamás hará lo que sí puedes hacer. *"Le dijo el ángel: Cíñete, y ponte las sandalias. Y lo hizo así. Y le dijo: Envuélvete en tu manto, y sígueme"*. Lo que el ángel le indicó a Pedro fue: "Yo aparecí en la cárcel, traje luz y despedacé las cadenas, porque eso no lo podías hacer tú, pero ahora hay algo que puedes hacer, y eso no lo haré yo. Si quieres que los milagros continúen, hay cosas que debes hacer. Cíñete, porque yo no te voy a ceñir, átate las sandalias porque yo no te las voy a atar, envuélvete en tu manto porque yo no te voy a envolver, y sígueme, porque yo no te voy a llevar en mis brazos".

¡Cuántas veces queremos que Dios haga todo! Y nos olvidamos que hay cosas que Él no va hacer… Él no va hacer lo que nosotros podemos hacer. Nuestra vida devocional no es para pedir por lo que es nuestra responsabilidad hacer, sino para pedir por lo que nosotros no podemos hacer y él lo hará.

4. Hace que las puertas se abran

Habiendo pasado la primera y la segunda guardia, llegaron a la puerta de hierro que daba a la ciudad, la cual se les abrió por sí misma; y salidos, pasaron una calle, y luego el ángel se apartó de él.
—Hechos 12:10

Las puertas se abrieron milagrosamente. Pedro no sabía cómo. Pero se abrieron. Amados, muchas veces en el ministerio vemos solo puertas cerradas. Hay un fuerte anhelo por ver esas puertas abriéndose, pero parecen pegadas por la herrumbre y tenemos pocas esperanzas de que se abran. Una vida devocional consistente y profunda nos lleva a ver cómo Dios, el que abre y ninguno cierra y el que cierra y ninguno abre, comienza a abrir aquellas puertas para que ministremos a la ciudad en nuevas esferas. He aquí vienen días, si mantienes una vida devocional renovada, en que se abrirán nuevas puertas de ministerio. *Harás lo que nunca has hecho e irás donde nunca has ido. Hablarás lo que nunca has hablado y verás lo que nunca has visto.*

5. Deja a muchos atónitos

"Mas Pedro persistía en llamar; y cuando abrieron y le vieron, se quedaron atónitos" (v. 16). No podían creer que era Pedro. Curiosamente encontramos que ellos oraban por Pedro y cuando el Señor lo liberó no lo podían creer. Llamaron hasta loca a Rode, la joven que llevó la noticia de que Pedro estaba a la puerta. Quedarse atónitos, es igual que quedarse de una sola pieza, sin moverse. ¡Oh, amados líderes, muchos quedarán atónitos cuando, como consecuencia de tu vida devocional, vean lo que Dios hará contigo, en ti y a través de ti. Dios sorprenderá a muchos. Las transiciones que Dios engendra en el altar son sorprendentes, asombrosas, impresionantes, que no han subido en corazón de hombre, pero que germinaron en el altar.

6. Produce alboroto

"Luego que fue de día, hubo no poco alboroto entre los soldados sobre

que había sido de Pedro" (v. 18). Alboroto es lo que queda delante de nosotros. La vida devocional produce alboroto porque Dios hará cosas nuevas y grandes. Se sacudirán los cimientos del infierno y Dios nos dará ministerios renovados, nuevos, vibrantes, cristalinos y poderosos. Milagros volverán, señales nunca vistas, y eso producirá alboroto. Habrá alboroto en la iglesia y en las denominaciones por lo que Dios hará de tu ministerio y de mi ministerio. Dios no te está llevando en una transición para simplemente cambiar de lugar, ministerio, función u oficio, sino para producir un alboroto, porque las transiciones divinas sacuden estructuras, remueven tradiciones y agrietan moldes para liberarnos a un nuevo nivel y dimensión.

7. Mata algo

"Mas Herodes, habiéndole buscado sin hallarle, después de interrogar a los guardas, ordenó llevarlos a la muerte" (v.19). ¿Alguna vez has pensado que la oración contestada hizo que Herodes matara a doce soldados? Sí, cuando nuestra vida devocional se incrementa y se refresca hace que muera todo aquello que nos maltrata, nos mata, nos quita la libertad o nos avergüenza. Muerte llega sobre lo que oprime y ata. Levanta tu mirada, deja de llorar tu situación e incrementa y renueva tu vida devocional y verás que cuando caes de rodillas también caen a tierra sin vida tus angustiadores. Y la vida nueva comenzará a correr por tus venas. Caerán sin vida los opresores de tus sueños, los soldados que encadenaron tus dones escondidos, los angustiadores del llamado; y entonces verás con tus ojos el cumplimiento de la oración de David en el Salmo 23: *"Aderezas mesa delante de mí en presencia de mis angustiadores"*.

Este es el día de levantarnos para ir al Señor de los ejércitos y decirle: "Acá estoy Señor, inscríbeme en los registros de tu ejército de transición, porque quiero ser otro. Quiero que me des renuevo para hacer lo que nunca he hecho, ir adonde nunca he ido, hablar lo que nunca he hablado y ver lo que nunca he visto".

El Señor de gloria derramará sobre ti y sobre mí un nuevo aceite dorado que correrá desde la corona de nuestra cabeza hasta la planta de nuestros pies y seremos como los que saltan por las murallas. Los mejores días están delante de nosotros. Despojémonos de todo peso que nos asedia y corramos al trono del Príncipe de los pastores, porque Él nos espera hoy. Este es nuestro día, este es nuestro presente, levantemos la mirada y veamos el futuro esplendoroso que Su Majestad nos despliega hoy.

Gracias Señor, porque al leer estas palabras nuestro corazón palpita como una señal de que nos has hablado. Hoy estoy ante ti y solo anhelo recostarme en tu pecho para decirte que tú y yo caminaremos juntos, como nunca, en una nueva experiencia de vida, renovada en plenitud ministerial. Amén.

Reflexión

1. ¿Cuándo fue la última vez que derramaste tu alma en el altar de Dios?

2. ¿Cuál es tu próximo propósito que reforzará tu camino al altar?

3. Escribe ahora mismo una oración que exprese el sentimiento de tu corazón.

CAPÍTULO 7

LOS ATAQUES MENTALES EN LAS TRANSICIONES

Cierta vez, un hombre pidió a Dios una flor y una mariposa. Pero Dios le dio un cactus y una oruga. El hombre quedó triste, pues no entendió por qué su pedido llegó errado. Luego pensó: "Con tanta gente que atender…" Y resolvió no cuestionar. Pasado algún tiempo, el hombre fue a verificar el pedido que dejó olvidado.

Para su sorpresa, del espinoso y feo cactus había nacido la más bella de las flores, y la horrible oruga se transformó en una bellísima mariposa. Dios siempre hace lo correcto. Su camino es el mejor, aunque a nuestros ojos parezca que todo está errado y nuestra mente nos presente oscuros pensamientos.

Si pediste a Dios una cosa y recibiste otra, confía. Ten la seguridad de que Él siempre dará lo que necesitas en el momento adecuado. No siempre lo que deseas es lo que necesitas. Como Dios nunca falla en la entrega de sus pedidos, sigue adelante sin dudar ni murmurar. Dios siempre hace lo correcto; la espina de hoy será la flor de mañana.

Aunque el enemigo diga lo contrario debes creer lo que Dios dice, porque lo que Él dice es toda una realidad. El enemigo tiene solo una entrada para tocar nuestras vidas: la mente. Él sabe que no podrá tocarnos a menos que logre engañarnos. Uno puede creer que hay muchos lugares por los cuales el diablo puede entrar, no es así, él tiene solo uno. Es por eso que la Biblia insiste mucho en eso. Pablo dice:

No os conforméis a este siglo, sino transformaos por medio de la renovación de vuestro entendimiento.

–Romanos 12:2

El apóstol habla también de ser renovados en el espíritu de nuestra mente (Efesios 4:23). A los filipenses les dijo:

Todo lo que es verdadero, todo lo honesto, todo lo justo, todo lo puro, todo lo amable, todo lo que es de buen nombre; si hay virtud alguna, si algo digno de alabanza, en esto pensad.

–Filipenses 4:8

El profeta en el Antiguo Testamento dijo:

Tú guardarás en completa paz a aquel cuyo pensamiento en ti persevera, porque en ti ha confiado.

–Isaías 26:3

La Biblia habla muchísimo de cuidar nuestra mente. Pablo sabía que el enemigo no podría tocar nuestra vida a menos que tocara nuestra mente, por eso en Efesios 6:17 habla del casco de la salvación. Pongámonos el casco para proteger nuestros pensamientos.

Es bueno que entendamos el valor que tiene el cerebro. Aquí te presento algunas verdades importantes:

- Tu cerebro está envuelto en todo lo que haces. Cómo piensas, cómo te sientes, cómo actúas y cómo interactúas con otros tiene que ver, momento a momento, con el cerebro.
- Cuando tu cerebro trabaja correctamente tú trabajas bien. Cuando estás turbado en tu mente, experimentas complicaciones en tu trabajo y contigo mismo.
- No existe nada tan complejo como el cerebro humano. Se estima que tenemos cien billones de neuronas o células cerebrales. Y cada neurona está conectada a otras por más de cuarenta mil conexiones individuales. Imagínate, cien billones, y cada neurona está conectada una con otras por cuarenta mil conexiones individuales, quiere decir que casi tenemos trece trillones de conexiones en nuestro cerebro.
- Aunque el cerebro es solo el 2% del peso corporal, usa del 20 al 25% de las calorías que consumes. En otras palabras, el cerebro es el mayor consumidor de energía. Eso quiere decir que la cuarta parte de tu desayuno, de tu almuerzo y de tu cena está alimentando directamente al cerebro.

Este es un regalo de Dios. Satanás sabe el valor que tiene, y es por eso que trabaja continuamente con nuestra mente. ¿Te has dado cuenta cómo las propagandas apuntan especialmente a los deseos? Para cualquier cosa ponen una chica medio vestida. Para vender un automóvil ponen una chica desvestida, para arreglar el aceite del motor, también. ¿Sabes por qué? Porque Satanás conoce lo débiles que somos los hombre y cómo puede atacarnos fuertemente.

Cinco ataques mentales

El libro de Nehemías puede ser útil para muchas enseñanzas,

puede servir para liderazgo o para reconstrucción, pero para mí me entusiasma leerlo desde la perspectiva de la restauración de la personalidad del ser humano. Veamos una ilustración de los cinco ataques mentales que el enemigo trae contra los hijos de Dios.

La Biblia dice que cuando llegaron unos amigos y familiares de Nehemías, él les preguntó: "¿Cómo está la gente en mi tierra?" Y ellos le dijeron: "Muy mal, los que han quedado están en vergüenza y destrucción, los muros han sido destruidos y las puertas quemadas".

Muros y puertas en aquel tiempo eran claves, porque las ciudades eran amuralladas. *Muros* son símbolo de seguridad, *puertas* son símbolo de autoridad. Una puerta cerrada indica "nadie entra".

Cuando le dijeron a Nehemías "muros caídos y puertas quemadas", estaban diciendo, la gente que está en la ciudad no tiene ni seguridad ni autoridad, se burlan de ellos. Nehemías se apasionó y dijo: "Voy a reconstruir la ciudad".

Nehemías estaba listo para entrar en una transición; cada vez que vayamos a entrar o entremos en transición necesitamos estar listos porque habrá ataques mentales.

El nombre Nehemías en hebreo significa "Consolador". Por eso, cuando leo el libro de Nehemías, veo la figura del Espíritu Santo y a la ciudad de Jerusalén como una vida cuando viene a Cristo: no tiene muros ni puertas, todo está destruido. Pero una cosa que el Espíritu Santo empieza a hacer es reconstruir. Él está reconstruyendo nuestra personalidad.

Muchos de nosotros pasamos por experiencias muy dolorosas, quizás fuimos esclavos de vicios, de perversiones sexuales, de cuántas cosas. Nuestras vidas estaban destruidas. Cuando llegamos a Cristo una de las obras inmensas, después de la salvación, es que el Espíritu Santo empezó a reconstruir todo aquello que estaba destruido. Satanás no quiere que nuestra vida sea reconstruida, por eso va a atacar fuertemente para que no creamos que Dios está trabajando en nosotros.

Cuando oyó Sanbalat que nosotros edificábamos el muro, se enojó y se enfureció en gran manera, e hizo escarnio de los judíos. Y habló delante de sus hermanos y del ejército de Samaria, y dijo: ¿Qué hacen estos débiles judíos? ¿Se les permitirá volver a ofrecer sus sacrificios? ¿Acabarán en un día? ¿Resucitarán de los montones del polvo las piedras que fueron quemadas?

–Nehemías 4:1

Cuando los enemigos de Israel vieron que eran reconstruidos los muros hicieron cuatro preguntas y una declaración. Las cuatro preguntas fueron muy sutiles, tenían como finalidad estimular el pensamiento de la gente para que no creyera en la obra de la reconstrucción y echar por tierra todo lo que Dios había hecho. Son las mismas que Satanás trae a nuestra mente.

Veámoslas (4:2):

- *¿Qué hacen estos débiles judíos?*
- *¿Se les permitirá volver a ofrecer sus sacrificios?*
- *¿Acabarán en un día?*
- *¿Resucitarán de los montones del polvo las piedras que fueron quemadas?*

La declaración (4:3): *"Lo que ellos edifican del muro de piedra, si subiere una zorra lo derribará".*

Estas son las cinco formas como el enemigo ataca continuamente nuestra mente para hacernos retroceder y para que no creamos en la obra que Dios hizo. Cuando tienes problemas en tu casa, con tu cónyuge, con tus hijos, tu novia, novio, o en el trabajo, lo primero que recibirás son esos dardos de fuego que cuestionan aquello en lo que creíste.

Veamos el primer ataque mental.

1. Exaltación de la debilidad

Lo primero que aquella gente hizo fue exaltar la debilidad. Dijeron: "*¿Qué hacen estos débiles judíos?*". Ese es también el primer ataque mental que el enemigo trae sobre nuestra vida. Satanás sabe que tenemos áreas débiles. ¿Quién no las tiene? Todos las tenemos. Y Dios está trabajando en esas áreas. Cuando el enemigo quiere tocar tu vida lo primero que va hacer es exaltar tu debilidad. "¿Qué hace este débil creyente?". Si tienes debilidad en tu vida sexual, en el área del dinero, o con tu familia. El enemigo va a estimular tu mente en esa área débil; traerá todo lo que encaja en esa grieta para que tu fortaleza ceda, bajes la guardia y comiences a mirar que realmente eres muy débil.

Cuando Satanás te recuerda tu debilidad es porque sabe que, desde que Cristo vino a tu vida, perdió control sobre ti. Como sabe eso tendrá que convencerte otra vez de que no eres realmente bueno. Él pondrá las imágenes, pondrá las chicas, las personas, el dinero, y luego te dirá: "¿Te das cuenta?, no eres fuerte, no puedes, eres débil". Cuando quieras venir a la iglesia a adorar al Señor te lo recordará: "¿Pero cómo... adoras al Señor? ¿No te acuerdas ayer lo que pasó; cómo se te fueron los ojos?" Y ahí estamos: "Es ¡verdad!, sí ¡verdad! Oh, Dios, no puedo". Él exaltará tu debilidad.

¿Qué tenemos que hacer cuando el enemigo quiere exaltar nuestra debilidad? Inmediatamente debemos responderle, y la

Palabra de Dios nos da recursos para hacerlo. Tenemos que hablarle a Satanás con autoridad y decirle: "Sí, es cierto, soy débil; pero Dios ha dicho: "Mi gracia es suficiente para ti, porque mi poder se perfecciona en tu debilidad" (2 Corintios 12:9). "Es cierto soy débil, pero el que está en mí es más fuerte que el que está en el mundo" (1 Juan 4:4). Por eso Pablo dijo: *"Cuando yo soy débil, entonces yo soy fuerte"* y *"Todo lo puedo en Cristo que me fortalece"* (2 Corintios 12:10; Filipenses 4:13).

Cuando Satanás quiere explotar tu debilidad, el Espíritu Santo está ahí para decirte: "Es cierto, eres débil, pero aquí tengo todos los recursos. Yo estoy trabajando, no desmayes, aprende la lección, sigamos adelante, no te detengas". Recuerda, el trabajo de Satanás es condenarte, el trabajo del Espíritu Santo es convencerte. Cuando Satanás venga a señalarte la debilidad, no estoy diciendo que la ignores, reconoce tu debilidad, pero llévala a Cristo.

Dile: "Señor, porque tengo esta debilidad es que te necesito, sino yo seguiría en la vida hacia delante solo; pero conoces mi debilidad, te pido que me sostengas".

Y a Satanás háblale con autoridad: "Reconozco que soy débil, por eso estoy en este negocio con Dios, porque sin Él nada puedo hacer".

Veamos el segundo ataque mental.

2. Exaltación del pasado para dudar del futuro

Y habló delante de sus hermanos y del ejército de Samaria, y dijo: ¿Qué hacen estos débiles judíos? ¿Se les permitirá volver a ofrecer sus sacrificios?

—NEHEMÍAS 4:2

La segunda cosa que el enemigo hace con nosotros, además de

exaltar nuestras debilidades, es recordarnos el pasado. Nos dice: "¿ya se te olvidó lo que hiciste hace un año, hace dos años, hace cinco? ¡Qué feo caíste! ¿Y crees que con esto que hiciste podrás servir a Dios? ¿Estás intentando que Dios te use con ese pasado tan oscuro? ¿Crees que de todas maneras podrás ofrecer sacrificios?"

A Satanás le encanta el basurero, el vive de la basura. A él le encanta ir al tacho de la basura a ver lo que encuentra. ¡Qué bueno es saber que Dios nos llama a vivir en otro ambiente!

Satanás no se está refiriendo simplemente al acto de adorar, sino al acto de ser fieles testigos de Dios. Él se concentra en nuestro pasado para decir: "¿Acaso volverás a hacerlo mejor que antes?". Juega con nuestro pasado para enturbiar nuestro futuro. Cuando consigue mostrarnos el pasado, logra que nosotros retrocedamos para no ser creyentes comprometidos con Dios, por temor a nuestro ayer.

Lo importante con el pasado es confesarlo, no argumentarlo y mucho menos esconderlo, porque la Biblia dice que el que confiesa su pecado y se aparta, alcanzará misericordia.

Recuerda que Dios hace tres cosas con nuestro pasado, luego que lo confesamos, admitimos y nos apartamos. Lamentablemente, mucha gente solo disfruta de la primera o segunda, pero no de las tres:

1. Perdona nuestro pasado.
2. Nos libera del poder del pasado.
3. Nos devuelve el pasado para que con él ministremos a otros.

Hay algunos que disfrutan del perdón pero no del poder. Todavía el pasado es como una sombra que los alcanza con su mano y los detiene cuando están a punto de hacer algo grande para Dios.

Dios no solamente perdona el pasado, sino que nos libera de su poder. Nos devuelve nuestro pasado, no lo borra, nos lo devuelve para que con nuestro pasado ministremos a la gente. Por eso ya no ocultamos nuestro pasado, sino que decimos: "yo lo hice", pero no quiero que tú lo hagas. Yo lloré, pero no quiero que tú llores. Me divorcié, pero no quiero que tú te divorcies. Pasé por un momento difícil, pero no quiero que tú lo pases. Fui homosexual, pero no quiero que tú lo seas. Abusé sexualmente de mujeres, pero no quiero que tú lo hagas.

Con nuestro pasado servimos a la gente, y el poder de Dios opera de una manera grande cuando podemos ministrar con lo que fuimos. Pero hay quienes no pueden ni hablar de lo que fueron porque comienzan a llorar, eso significa que todavía no han recibido el pasado de vuelta. Permite que Dios opere esas tres cosas en tu pasado y Satanás no tendrá poder sobre tu vida.

Él está tratando de perseguirnos y amenaza diciendo: "se va a saber, todo el mundo lo va a saber". La mejor arma que puedo usar contra Satanás, cuando algo en mi pasado me ha dañado, es: "¿Me lo vas a divulgar? Deja que yo mismo lo divulgue, lo voy a contar para bendecir a la gente antes que caiga". Y no hay manera que el enemigo me pueda pasar factura. O puedo decirle: "No te preocupes por mi pasado, volveré a ofrecer sacrificio y mejor que antes, porque a pesar de mi pasado tengo libre acceso a través de Jesús. Él me ha dicho que hace nuevas todas las cosas y que sepulta en lo profundo del mar todos mis pecados. Él me hizo una nueva criatura.

Así que, hermanos, teniendo libertad para entrar en el Lugar Santísimo por la sangre de Jesucristo, por el camino nuevo y vivo que él nos abrió a través del velo, esto es, de su carne, y teniendo un gran sacerdote sobre la casa de Dios, acerquémonos con corazón sincero, en plena certidumbre de fe, purificados los corazones de mala conciencia, y lavados los cuerpos con agua pura.

–Hebreos 10:19-21

Y el que estaba sentado en el trono dijo: He aquí, yo hago nuevas todas las cosas.

–Apocalipsis 21:5

El volverá a tener misericordia de nosotros; sepultará nuestras iniquidades, y echará en lo profundo del mar todos nuestros pecados.

–Miqueas 7:19

De modo que si alguno está en Cristo, nueva criatura es; las cosas viejas pasaron; he aquí todas son hechas nuevas.

–2 Corintios 5:17

Por tanto, no voy a dejarme amedrentar en mi mente ni por mi debilidad ni por mi pasado, porque Dios se hizo cargo de mi pasado de una manera grande y poderosa.

Veamos el tercer ataque mental.

3. Exaltación de la duda por temor del presente

¿Acabarán en un día?

–Nehemías 4:2

Cuando Satanás ve que seguimos adelante, que lo enfrentamos cuando exalta nuestra debilidad y saca a luz nuestro pasado, utiliza una nueva estrategia: "Está bien, pero ¿crees que ya eres perfecto? ¿Crees que en un día lo vas a lograr?". Busca que temamos al presente, que cuando nos miremos digamos: "Todavía tengo fallas, no soy lo que quisiera ser"; "todavía no soy el esposo que debiera ser". Entonces comenzamos a temerle al presente. Pero tenemos que reconocer que la obra del Espíritu Santo es muy grande y muy fuerte; Él está trabajando. Podemos decirle al enemigo: "No, no va a terminar en un día. Pero en este día el Espíritu de Dios la va a adelantar, como dice el apóstol Pablo: "Quien comenzó en mí la buena obra la perfeccionará hasta el día de Jesucristo" (Filipenses 1:6).

Hoy no vamos a ser perfectos, pero estemos seguros de que el trabajo que el Espíritu Santo está haciendo es un trabajo profundo, sólido, estable, y que día a día está avanzando.

Si el Señor nos permitiera ver con los ojos espirituales lo que el Espíritu de Dios ha hecho en nuestra personalidad en los últimos ocho días, todos caeríamos de rodillas para llorar delante de Dios, porque ha estado trabajando hora tras hora, minuto tras minuto, aún mientras dormíamos Él trabajaba.

Dios forma a un líder a través de toda su vida. Eso significa que Dios está trabajando. Cuando creemos que no, Él está trabajando. Hay momentos en que decimos: "yo no crezco; es como que no avanzo; no soy lo que quisiera". Y el diablo dice: "¿Acabarás en un día? ¿Serás perfecto?" Y nosotros decimos: "No, más bien estoy peor". No creas esa mentira. El asunto no es lo que sientes, el asunto es lo que Dios declara. Y Él lo está haciendo en tu vida de una manera profunda y estable.

4. Exaltación del futuro para impedir la visión de resurrección

¿Resucitarán de los montones de polvo las piedras que fueron quemadas?

—Nehemías 4:2

El muro se estaba levantando, había crecido, pero los enemigos no dijeron: "Oh, como ha crecido", sino: "Mira las piedras que están todavía en el piso, esas piedras quemadas. ¿Ustedes creen que van a resucitar de esas piedras, de ese polvo? ¿Creen que puede salir algo de esas ruinas? Todavía hay ruinas ¿creen que puede pasar algo?"

Cuántas veces lo único que hace el enemigo es señalarnos las ruinas de nuestra vida. Todavía hay áreas que están quemadas, tenemos que admitirlo. Y él nos dice: "¿Crees que puedes hacer algo? Tu vida es un desorden. Tienes por ahí un hijo extramatrimonial de antes de convertirte; tienes deudas, tienes... ¿Tú crees...?" Le encanta eso. Pero tenemos que pararlo con autoridad, y no permitir que toque nuestra mente; tenemos que decir: "Alabado sea Dios porque para el Eterno no hay pasado, ni presente, ni futuro, Él es el Dios eterno; Él está construyendo mi vida, y Él es Dios de resurrección; Él ha dicho que es la resurrección y la vida, y aquello que parece muerto, que parece ruinas, que parece que no sirve, Dios lo va a levantar, y lo va a hacer con su poder.

Dios es capaz de redimirnos completamente y restaurarnos de manera que lo podamos glorificar aun con los pedazos de nuestra vida. Porque Él ha venido a sanar a los quebrantados de corazón. Es la resurrección y la vida. Yo no puedo resucitar nada, pero Él sí lo puede resucitar. Puede hacer que esos pedazos que todavía están en el piso se unan, porque Él levantó de un valle un montón de huesos secos, hizo que los huesos se pegaran, les colocó tendones, músculos, vida, y puso de pie todo un ejército. El mismo que levantó a Lázaro de entre los muertos está viviendo dentro de mí. Lo más poderoso que Pablo dijo fue:

Y si el Espíritu de aquel que levantó de los muertos a Jesús mora en vosotros, el que levantó de los muertos a Cristo Jesús vivificará también vuestros cuerpos mortales por su Espíritu que mora en vosotros.

–ROMANOS 8:11

¡Eso es tremendo, es poderoso, es dinamita! El mismo Espíritu que levantó a Jesús de entre los muertos no está arriba en el cielo, está dentro de tu corazón. La Biblia dice que eres templo del Espíritu Santo: *"¿O ignoráis que vuestro cuerpo es templo del Espíritu Santo, el cual está en vosotros, el cual tenéis de Dios, y que no sois vuestros?"* (1 Corintios 6:19). Entonces Él va a resucitar las ruinas. Aun a las piedras que faltan les va a dar vida.

Cuando no aceptamos ese ataque mental estamos cerrando posibilidades para las mentiras del diablo.

Recuerda que él hizo cuatro preguntas, porque el enemigo estimula la mente. Él no puede poner pensamientos, pero estimula; por eso usa la televisión, la música, las figuras, a las personas, te las pone para incitarte. Pero cuando controlas tu mente y dejas que el Espíritu de Dios la controle, entonces no tiene lugar por dónde entrar.

Cuando el enemigo se cansó de estimular hizo una declaración: "Lo que esos débiles judíos construyen, si se sube una zorra lo derribará". Ese es el próximo ataque mental

5. Exaltación de la duda para desvirtuar lo reconstruido

"Está bien", ahora admite: "sí, se ha construido, sí, se ha hecho algo, pero la verdad es que lo que hasta ahora se ha construido es tan débil que cuando suba una zorra se va a caer". ¿Cuántas veces ha dicho eso de nuestra vida cristiana? "Está bien, eres creyente, pero no eres tan fuerte…; deja que se suba la zorra, todo se va a caer. No va a servir de nada, no eres tan fuerte, no vale la pena".

Debemos entender la posición de Dios en cuanto a esto, porque lo que Él ha construido en nuestra vida no es débil, está fundamentado en su sangre, en la obra del Calvario, y ese es un gran fundamento. Por mucho que alguien crea que se puede caer, déjame decirte: no se va a caer si tu vida está fundamentada en Cristo, porque Él dijo:

> Cualquiera, pues, que me oye estas palabras, y las hace, le compararé a un hombre prudente, que edificó su casa sobre la roca. Descendió lluvia, y vinieron ríos, y soplaron vientos, y golpearon contra aquella casa; y no cayó, porque estaba fundada sobre la roca.
>
> —Mateo 7:24-25

Como hijos de Dios nuestro fundamento tiene que ser Jesucristo, no puede ser una simple creencia. No puede estar fundamentado sobre una iglesia ni sobre el liderazgo, tiene que estar basado en Jesucristo, porque Él es el fundamento inconmovible, es la roca eterna de los siglos. Cuando Satanás quiera hacernos creer que lo que el Señor hizo en nosotros no es tan fuerte podemos decirle: "Yo sé en quién he creído, sé que mi Redentor vive.

> Por lo cual asimismo padezco esto; pero no me avergüenzo, porque yo sé a quién he creído, y estoy seguro que es poderoso para guardar mi depósito para aquel día.
>
> —2 Timoteo 1:12

> Yo sé que mi Redentor vive, y al fin se levantará sobre el polvo.
>
> —Job 19:25

Estos cinco ataques mentales vienen, y van a venir continuamente sobre nuestra vida. Veamos lo que hizo Nehemías frente a esos ataques, porque es lo mismo que tú y yo tenemos que hacer. No se trata simplemente de contestar cinco preguntas, sino de tomar ciertas acciones determinantes, a fin de que el enemigo no tenga acceso a la mente y, por lo tanto, no pueda destruirnos como él quiere.

La posición firme del cristiano que entiende las tácticas satánicas

El creyente necesita entender las tácticas satánicas y tener una posición firme. Cuando el enemigo terminó de hablar, Nehemías oró:

> Oye, oh Dios nuestro, que somos objeto de su menosprecio, y vuelve el baldón de ellos sobre su cabeza, y entrégalos por despojo en la tierra de su cautiverio. No cubras su iniquidad, ni su pecado sea borrado delante de ti, porque se airaron contra los que edificaban.
>
> –Nehemías 4:4-5

En esta oración hay algunos elementos que son vitales. Cuando Satanás quiere atacar tu mente con ideas o con ataques mentales, vas a tener que adoptar la misma posición que Nehemías.

Firmeza y decisión

La primera cosa que encontramos fue firmeza y decisión. No encontramos que Nehemías estuviera indeciso: "¿será esto cierto?"; "¿será verdad?"; "¿será que lo que estamos haciendo no es bueno?" No, no, no. Él se paró con firmeza y oró: "Oye Dios nuestro, mira estos que están trayendo agua sucia sobre nuestra mente". Él habló con firmeza y decisión.

La Biblia habla claramente de que tenemos que pararnos firmes contra el enemigo. Pablo dijo: *"... que podáis estar firmes contra las asechanzas del diablo"*. No retrocedas; mantén la firmeza; ponte como un soldado; no dejes que él te robe el terreno ni que quite un centímetro de tu vida. No retrocedas, porque paso que retrocedes es un paso que él toma. Mantente firme, toma la decisión de decirle al enemigo: "de aquí no me muevo. Pase lo que pase, de aquí no me sacas".

Tal vez quieras retroceder y decir: "no vale la pena..., si esto es así..., si voy a perder". En ninguna manera. Cuando Dios me habló me paré firme y dije: "no importa, de aquí sigo, con esposa o sin esposa, con hijo o sin hijo, yo sigo porque yo sé quién me llamó". Tenemos que pararnos firmes, decididos a seguir adelante, pase lo que pase.

Oración de autoridad

En segundo lugar, Nehemías hizo una oración de autoridad. No dijo: "Señor, ¡ay!, ¡ay!, ayúdanos que nos están atacando". No, él oró y dijo: *"Oye, oh Dios nuestro, que somos objeto de menosprecio, y vuelve el baldón de ellos sobre su cabeza"*. En otras palabras, que la contaminación mental que quieren traer sobre nosotros se derrame sobre sus cabezas. A eso se llama autoridad.

Dios te transfirió la autoridad sobre tu casa, tu familia y todo lo que tienes. No puedes ceder esa posición. Al enemigo hay que pararlo en firme, y mantenernos en el lugar que el Señor nos ha dado, porque Él nos ha dicho: "les doy toda autoridad para pisar serpientes y escorpiones". Esa autoridad ha sido transferida a los hijos de Dios.

Con el enemigo no podemos negociar; hay que pelear. Decirle: "Olvídate, si creíste que aquí había un pusilánime; aquí hay un hombre (o una mujer) de Dios que te va a hacer frente, que va a pelear hasta la última gota por su familia, por su esposa, por sus hijos; yo voy a pelear". Cuando el enemigo ve a alguien que tiene autoridad comienza a temblar.

Disposición y ánimo a pesar de los ataques

Nehemías dijo: *"Edificamos, pues, el muro, y toda la muralla fue terminada hasta la mitad de su altura, porque el pueblo tuvo ánimo para trabajar"* (4:6).

Cuando permitimos que el ataque mental venga sobre nuestra mente, lo primero que perdemos es la energía y el ánimo de seguir, y decimos: "Me divorcio; con esta mujer ya no sigo más"; "no vuelvo más a la iglesia"; "ya no más con esto en la vida cristiana..."; "ya no aguanto". Muchas veces queremos "colgar los guantes". ¿Quién no ha pasado por esto? Hombres y mujeres de Dios en la Biblia tuvieron estos pensamientos. Elías, después de pedir fuego del cielo se metió en una cueva y pidió la muerte, porque una mujer lo estaba persiguiendo. Todos pasamos por momentos de desánimo, pero he encontrado que cuando adopto una posición firme, con oración de autoridad, el ánimo de Dios viene. Él me inyecta energía pura, atómica, que me hace continuar; y después descubro que pude terminar más allá de lo que esperaba porque Dios estuvo a mi lado.

No pierdas el ánimo. Si has pasado en estos días por un terrible desánimo, Dios lo sabe y te dice: "¡Anímate! No cuelgues los guantes. Todavía te quedan unos cuantos "rounds". Yo sé que te han golpeado, que tienes los ojos hinchados, que te partieron las cejas, que ya no quieres seguir, pero, agarra los guantes, tira uno cuantos golpes más, porque te voy a dar fuerzas de donde no tienes.

El da esfuerzo al cansado, y multiplica las fuerzas al que no tiene ningunas.

—Isaías 40:29

Eso es lo que Pablo dice, que en Cristo somos más que vencedores. Ya Él venció por nosotros. Él se encarga de darnos la energía que hemos perdido, por eso, no tengas miedo, dile al Señor: "Quiero seguir adelante".

Antes, en todas estas cosas somos más que vencedores por medio de aquel que nos amó.

—Romanos 8:37

Resultados de entender sus tácticas

Veamos por un momento el resultado de entender las tácticas del enemigo. Eso es importante, porque va a determinar mucho. ¿Qué más hizo, qué fue lo que pasó después de eso?

Edificamos, pues, el muro, y toda la muralla fue terminada hasta la mitad de su altura, porque el pueblo tuvo ánimo para trabajar. Pero aconteció que oyendo Sanbalat y Tobías, y los árabes, los amonitas y los de Asdod, que los muros de Jerusalén eran reparados, porque ya los portillos comenzaban a ser cerrados, se encolerizaron mucho; y conspiraron todos a una para venir a atacar a Jerusalén y hacerle daño.

—Nehemías 4:6-8

Nuevos ataques

Cuando entiendes la estrategia del enemigo y te mantienes firme, el primer resultado será que vas a tener nuevos ataques y más fuertes. En la historia de Nehemías cuando los enemigos entendieron se encolerizaron mucho, se unieron y vinieron atacar a Jerusalén.

Lo que estoy advirtiendo es que, si te mantienes firme, ejerces autoridad y sigues adelante, no es que la cosa se va a poner bonita, al contrario, "amárrate los pantalones", porque lo que viene es candela. Al enemigo le molesta que alguien se le ponga firme. El ataque vendrá más fuerte. No quiero desanimarte, quiero advertirte; no te asustes, si el ataque es grande, más grande será la victoria.

Lo que encontramos en la Biblia es que el pueblo no se amedrentó aunque el ataque vino más fuerte. El enemigo va a querer seguir atacando, pero no olvides: no importa qué tipo de ataque venga, jamás podrá hacernos retroceder y destruir la obra que Dios ha hecho.

Recuerda lo que el Señor le dijo a Josué: *"Nadie te podrá hacer frente en todos los días de tu vida; como estuve con Moisés, estaré contigo; no te dejaré, ni te desampararé"* (Josué 1:5). Y el profeta dice:

Ninguna arma forjada contra ti prosperará, y condenarás toda lengua que se levante contra ti en juicio. Esta es la herencia de los siervos de Jehová, y su salvación de mí vendrá, dijo Jehová.

—Isaías 54:17

La versión Dios Habla Hoy traduce:

Nadie ha hecho el arma que pueda destruirte. Dejarás callado a todo el que te acuse. Esto es lo que yo doy a los que me sirven: la victoria. El Señor es quien lo afirma.

¡Piensa en esto! En una época donde hay armas poderosas, la

Biblia dice que todavía no se ha inventado el arma que puede destruirte. No importa si el ataque arrecia, no falles, no retrocedas, porque el que está contigo es más poderoso, vas a mantenerte firme y verás que el asunto caerá.

Nuevo refuerzo de oración y unidad

El segundo resultado lo vemos en los versículos que siguen:

> Y conspiraron todos a una para venir a atacar a Jerusalén y hacerle daño. Entonces oramos a nuestro Dios, y por causa de ellos pusimos guarda contra ellos de día y de noche. Y dijo Judá: Las fuerzas de los acarreadores se han debilitado, y el escombro es mucho, y no podemos edificar el muro. Y nuestros enemigos dijeron: No sepan, ni vean, hasta que entremos en medio de ellos y los matemos, y hagamos cesar la obra.
> Pero sucedió que cuando venían los judíos que habitaban entre ellos, nos decían hasta diez veces: De todos los lugares de donde volviereis, ellos caerán sobre vosotros.
>
> —Nehemías 4:8-12

Note que lo que hizo Nehemías fue ponerse a orar otra vez cuando el ataque arreció: *"Entonces oramos a nuestro Dios, y por causa de ellos pusimos guardia contra ellos de día y de noche".* Esto significa oración y unidad. Cuando sintamos que el ataque arrecia tenemos que orar más, poner guardia, unirnos con otro. No luches solo, busca ayuda, conéctate con alguien más y dile: "Hermano, por favor, ayúdame; por favor, sostenme; el ataque es fuerte, necesito de tu oración". Busca ayuda de otro, porque la Biblia dice que donde dos se ponen de acuerdo algo sucede.

No luches solo, únete; si el enemigo buscó ayuda, tú también busca ayuda. Porque lo que el enemigo quiere es que te quedes solo para atacarte, pero cuando buscas ayuda, sucede algo tremendo y poderoso.

Tengo un amigo que es siervo del Señor y tiene que viajar mucho; él me dijo: "Yo sé los ataques y tentaciones que puedo tener en mis viajes; por eso lo que hice fue formar una red de amigos de oración que oramos el uno por el otro protegiéndonos. Cuando siento que el ataque es fuerte, que puedo caer, entonces llamo por teléfono o los contacto". También me contó que un día fue a un país y tuvo que quedarse en un hotel porque iba a dar unas conferencias. Se había olvidado la afeitadora, entonces fue al supermercado y compró una afeitadora. Cuando fue a pagar la cajera era muy bonita, muy elegante la muchacha, lo atendió con mucho amor, mucho cariño, mucha atención, y parece que hizo química con él, hablaron un poquito, conversaron. Él se fue y el enemigo ahí le dijo: "¿Por qué no regresas?". Él oró: "¡el Señor te reprenda diablo!". Siguió orando, pero la tentación se hizo muy fuerte. Él me contó: "Cuando llegué al hotel se me había olvidado de comprar otra cosa… Y me vino a la mente: '¿Por qué no regresas a comprar?'". Ya estaba listo para regresar al supermercado y tuvo una lucha: no quiero ir, pero la chica me gustó, no quiero ir, pero quiero ir; ahí estaba la lucha. Y así estaba, que no podía, que se iba, cuando recordó su red de oración; tomó el teléfono del hotel e hizo una llamada internacional a uno de sus compañeros de oración, y le dijo: "Ayúdame, me acaba de pasar esto, acabo de ir al supermercado, vi a la muchacha cajera…", le contó todo. "Estoy en una lucha". El amigo le dijo: "Espérate, voy a orar por ti". Oraron por teléfono, y después de que su amigo oró toda esa tentación desapareció.

Como hombre, no tengas miedo de tener otro amigo, cuéntale tu debilidad a tu amigo: "Yo soy débil con las mujeres, soy débil con esto, estoy luchando con este aspecto. Por favor, quiero que hagamos conexión espiritual, que me ayudes cuando yo no puedo, que pueda llamarte o contactarte para que ores por mí". Hay un poder enorme en esto. Nehemías lo entendió, por eso puso guardias, buscó ayuda.

Atender las áreas débiles y reforzarlas

Un tercer aspecto lo encontramos en el versículo 13.

> Entonces por las partes bajas del lugar, detrás del muro, y en los sitios abiertos, puse al pueblo por familias, con sus espadas, con sus lanzas y con sus arcos.
>
> —Nehemías 4:13

Nehemías no solamente oró, no sólo buscó la unidad, sino que revisó las partes débiles, las mismas partes débiles que el enemigo quiso exaltar. Él dijo: "Yo tengo partes débiles". ¿Qué hizo? Las reforzó, buscó las áreas débiles y puso en los sitios abiertos gente que le ayudara con espadas, lanzas y arcos. Cuando el enemigo quiere atacar exaltando nuestra debilidad, tenemos que reconocer cuáles son las áreas débiles de nuestra vida y reforzarlas. Debemos tomar acciones para que el enemigo no nos haga caer fácilmente. Si la debilidad es el sexo, debemos poner refuerzos ahí. Primero admitirlo, y luego buscar ayuda. Habrá ocasiones en las cuales deberemos buscar un consejero que nos ayude en esas áreas débiles.

Déjame compartirte algo. La pornografía no es un pecado cualquiera, es adictivo. Quien ve pornografía, tarde o temprano se convierte en un adicto, y no puede salir de la pornografía solo, tiene que buscar ayuda. Así como un drogadicto no puede salir solo, el que ve películas, entra a Internet o ve revistas pornográficas llegará un momento en que se convertirá en un adicto y no podrá salir, va a tener que buscar ayuda y tapar esas áreas débiles. Si se siente tentado deberá usar maneras para bloquear eso.

Otro pastor, que también viaja por muchas partes, me contó que se sintió atraído por ciertos canales de televisión. ¿Y sabes lo que hace para que el enemigo no lo ataque con eso? En su maleta lleva una foto de su esposa y de sus hijos; cuando llega al hotel la pone encima del televisor que hay en la habitación. Cuando se siente tentado a ver lo que no tiene que ver, tiene la foto de ellos mirándole. Él dijo: "Tengo que apagarlo por la foto que pongo ahí…, porque sé que ellos me están mirando". Busque mecanismos como tapar las áreas débiles; ponga parapetos ahí para que no entre nada.

Los ojos y el corazón están interrelacionados. Lo que los ojos miran solo revela lo que el corazón ya tiene.

—Jeremie Kubicek

Otro amigo, cuando viaja, lleva un texto que está en el libro de Salmos 101:3: *"No pondré delante de mis ojos cosa injusta. Aborrezco la obra de los que se desvían; ninguno de ellos se acercará a mí"*. Y lo pone encima del televisor del hotel. Cuando está viendo un canal que de pronto presenta algo incorrecto, ve el versículo que está ahí y apaga el televisor.

Se trata de reconocer las áreas débiles y taparlas; hacer algo. Tenemos que movernos, no podemos dejar que eso nos dañe, si hay áreas débiles hay que taparlas. Si tenemos un carácter explosivo y gritamos e insultamos a nuestra esposa o golpeamos a nuestros hijos, esa es nuestra área débil; tenemos que buscar ayuda, alguien que nos oriente, nos aconseje. Hay que hacer algo, no podemos quedarnos simplemente orando, si oramos y oramos y el problema sigue, eso nos está diciendo que hay un área que hay que tapar. Necesitamos a alguien que nos ayude a corregir lo que tiene que corregirse.

Si hay situaciones en tu matrimonio que no son correctas, que no son buenas, busca a un compañero, y dile: "Mira yo estoy luchando con mi matrimonio, yo sé que trato mal a mi esposa, y no quiero ser así, te doy la autoridad para que, cuando veas que le hablo de mala manera a mi esposa, me toques duro el hombro y me digas: "Eh, ¿qué te pasa?". Corregir esto significa exponer mis áreas débiles para que alguien me ayude a taparlas. Entonces el enemigo no va a tener por dónde entrar.

Enfocarse en la visión del Señor y en quienes pueden ser afectados si retrocedemos

> Después miré, y me levanté y dije a los nobles y a los oficiales, y al resto del pueblo: No temáis delante de ellos; acordaos del Señor, grande y temible, y pelead por vuestros hermanos, por vuestros hijos y por vuestras hijas, por vuestras mujeres y por vuestras casas.
>
> —Nehemías 4:14

Cuando el enemigo quiera seguir atacándote para que retrocedas y no entres en transición, piensa en quiénes pueden salir afectados. Porque cuando retrocedes alguien va a sufrir; tu esposa y tus hijos van a sufrir. ¡Pelea por ellos! Y di "no voy a claudicar, porque si yo claudico, ellos sufrirán. No solo voy a pelear por mí, sino también por ellos para que no sean afectados".

Nuevas estrategias para finalizar la reconstrucción

Y cuando oyeron nuestros enemigos que lo habíamos entendido, y que Dios había desbaratado el consejo de ellos, nos volvimos todos al muro, cada uno a su tarea. Desde aquel día la mitad de mis siervos trabajaba en la obra, y la otra mitad tenía lanzas, escudos, arcos y corazas; y detrás de ellos estaban los jefes de toda la casa de Judá.

–Nehemías 4:15-16

Lo último que hizo Nehemías fue implementar nuevas estrategias. Él dijo: "Muy bien, ya no nos atacan, pero vendrán otra vez; vamos a prepararnos para cuando vengan. De ahora en adelante cambiamos de estrategia: la mitad trabaja y la otra mitad vigila; la mitad con palas y la mitad con espadas".

Como hijo/a de Dios, cuando logres superar las áreas por donde el enemigo te atacaba, también debes hacer cambios de estrategias. Modifica las cosas que se tienen que modificar; Dios te va a decir qué cosas son. No seas de las personas que se pasan la vida haciendo lo mismo todo el tiempo. Implementa nuevas estrategias, haz cambios en tu matrimonio, en tu relación con tus hijos; haz cambios en tu trabajo, no dejes que la rutina te mate. Implementa la creatividad, mecanismos divinos, y di: "¿Señor, cómo quieres que funcione? No quiero prestarme más para las trampas del enemigo, no quiero que me haga retroceder otra vez". Entonces, cosas nuevas van a suceder.

Protege tu cerebro

Para terminar volvamos al tema del cerebro. Si tu cerebro es muy importante, entonces protégelo física, emocional y espiritualmente. Cuídalo. Cuidar espiritualmente el cerebro significa meter Palabra de Dios allí; que ella lo impregne. Meditar en la Palabra de Dios nos mantiene vivos. Un hombre o una mujer que se llenan de Dios tendrán un cerebro sano espiritualmente. Cuidar emocionalmente el cerebro implica no dejar que pensamientos dañinos nos toquen. Y, si dijimos que la tercera parte de lo que comemos va a alimentar el cerebro, entonces hay cosas que tenemos que comer y cosas que debemos dejar de comer para mantener nuestro cerebro sano. Es necesario cuidarlo físicamente. Se ha descubierto que las nueces, el aceite de oliva, el aceite omega 3, que es el que viene del salmón, de la trucha y del atún, dan vitalidad al cerebro.

Una cosa que es dañina para el cerebro es el PAN. No me refiero al pan del desayuno, sino a los **p**ensamientos **a**utomáticos **n**egativos. Son los primeros pensamientos que se disparan cuando alguien nos dice algo o cuando algo nos pasa. No les des lugar, di: "No le doy PAN a mi mente, le doy pensamientos positivos que son mejor. La Palabra de Dios dice lo contrario..."; entonces contrarréstalo con las Escrituras.

Tu cerebro es como un músculo, ponlo a trabajar. Recuerda que dijimos que las neuronas están conectadas unas con otras; cada vez que aprendes algo nuevo las neuronas hacen nuevas conexiones. Por lo tanto, en lo espiritual, en lo emocional o en lo físico siempre aprende algo.

No seas de las personas que se mueren en la rutina, siempre comen lo mismo, siempre caminan por el mismo lugar y siempre hacen lo mismo todo el tiempo. Haz algo nuevo. Si nunca has leído un libro, proponte leer. Si nunca has hecho algo diferente, hazlo; aprende un nuevo idioma; memoriza versículos de la Biblia. Al aprender harás nuevas conexiones cerebrales. Mantén un concierto entre tu cerebro, tu espíritu, tu alma y tu cuerpo. Que toda tu vida esté alineada en el propósito y en el plan de Dios. Que cuando Satanás te vea diga: "Cuán difícil es agarrar a este hombre o a esta mujer, porque me cierra todas las puertas". En Cristo eres más que vencedor.

Recuerda: si tu vida está en transición, prepárate para responder a los ataques mentales que el enemigo traerá para hacerte desistir. Dios te protegerá y te desafiará.

Reflexión

1. ¿Cuál ha sido el ataque mental que el enemigo te lanza frecuentemente?

2. ¿Cómo has respondido a ese ataque?

3. ¿Hacia cuál transición Dios te está dirigiendo?

4. ¿Cuál ataque crees que Satanás lanzará sobre tu mente para hacerte retroceder o paralizar?

5. Escribe una oración de autoridad acá. _____

_____

_____

_____

_____

_____

_____

CAPÍTULO 8

LA ÚLTIMA TRANSICIÓN

La vida en la tierra es sólo el vestido de ensayo antes de la producción real. Usted gastará más tiempo al otro lado de su muerte –la eternidad– que lo que vivirá acá.

–RICK WARREN

Esa mañana, luego de leer Mateo 25:23, mi imaginación se transportó. El pasaje dice: *"Su Señor le dijo: Bien, buen siervo y fiel; sobre poco has sido fiel, sobre mucho te pondré; entra en el gozo de tu Señor".* Al meditar en el pasaje me vi llegando a las puertas del cielo el día que el Señor decidía mi última transición. Me imaginé una multitud de familiares, conocidos, amigos y aun desconocidos, personas que llegaron al Señor a través del ministerio que Dios me dio. Imaginé sus sonrisas, aplausos, alegría, júbilo. Pensé en cómo sería ese recibimiento. De pronto un silencio abrupto, nadie más hablando y la multitud de amigos, familiares, conocidos y desconocidos abriendo una especie de calle con ellos a los lados. Yo extendí mi cuello, para ver qué habría al final…, y tembló mi cuerpo, se entremetió mi alma, vibró mi espíritu; lo contemplé a Él. El Maestro, vestido de blanco y extendiéndome su mano haciendo señas para que me acercara. Me vi caminando tímido, mientras mis pies temblaban, cuando lo escuché decir esas palabras: *"Bien, buen siervo y fiel; sobre poco has sido fiel, sobre mucho te pondré; entra en el gozo de tu Señor"*.

Ese día, con lágrimas corriendo por mis mejillas, pensé en lo que sería mi última transición. He tenido muchas transiciones en la vida pero sé que ninguna será como esa, porque me transportará de un nivel meramente terrenal al nivel de lo celestial y espiritual.

> No se turbe vuestro corazón; creéis en Dios, creed también en mí. En la casa de mi Padre muchas moradas hay; si así no fuera, yo os lo hubiera dicho; voy, pues, a preparar lugar para vosotros. Y si me fuere y os preparare lugar, vendré otra vez, y os tomaré a mí mismo, para que donde yo estoy, vosotros también estéis.
>
> –Juan 14:1-3

Las turbaciones de ahora, incluso el dolor de las transiciones terrenas, son pasajeras en relación con lo que será esa última transición. ¿Acaso no serán las transiciones de esta vida un ensayo, preparación y educación para cuando suceda esa última?

En las catacumbas es común encontrar inscripciones como estas: "En Cristo, Alexander no está muerto, sino que vive"; "Acá yace uno que vive con Dios". "Él fue llevado a su hogar eterno".

A veces vivimos y nos aferramos a cosas, lugares y personas como si toda nuestra vida estuviera confeccionada para esta tierra. Es triste cuando nuestros límites son tan escasos, es grande, sublime y transcendente cuando el cielo es el límite. Seguimos llorando una relación rota, nos estresamos ante una quiebra económica y nos resistimos a ser movidos de empleo, lugar o ministerio como si nuestras raíces estuvieran plantadas para la tierra. Qué bajo miramos nuestro horizonte y cuánto peleamos por mantener nuestros límites. ¿No crees que sea mesquino vivir en el patio trasero de nuestra existencia cuando podemos subir al techo para contemplar las estrellas?

En el año 25 d. C. un griego llamado Arístides escribió a un amigo acerca del cristianismo y le dijo estas palabras: "Si alguno dentro de los cristianos muere, ellos se regocijan y dan gracias a Dios. Acompañan el cuerpo a la tumba entonando canciones y agradecimientos como si él se hubiese mudado de un lugar a otro". (Arístides, Apology, 15).

Quizás digas: "No me gusta hablar de la muerte. No es un tema favorito para mí". Puedes expresarlo, pero es una realidad. Cerca de tres personas mueren cada segundo, ciento ochenta cada minuto y cerca de once mil cada hora. Cada día cerca de doscientas cincuenta mil personas experimentan la muerte. Sin embargo, a mí me gusta pensar en la última transición, eso le da sentido a las transiciones pequeñas y sencillas que enfrentamos acá en la tierra.

El salmista dijo:

Hazme saber, Jehová, mi fin y cuánta sea la medida de mis días; sepa yo cuán frágil soy. Diste a mis días término corto, y mi edad es como nada delante de ti; ciertamente, es apenas un soplo todo ser humano que vive.

–Salmo 39:4-5 (RVR95)

Antiguos comerciantes a menudo escribían las palabras *memento mori*, "Piensa en la muerte", en la primera página de libro de registro de deudas de sus clientes. Muchos no piensan que los cambios de acá son la alfombra que nos llevará al gran cambio de allá.

Tu tiempo en la tierra no es sino un pequeño
paréntesis en la eternidad.

—Sir Thomas Browne

No hay duda de que un día tu corazón dejará de latir, pero ese no será el día de tu muerte, sino el de tu última transición. Vive hoy de tal manera que honre ese último día, y seas conocido como alguien que aprendió a entender y a vivir las transiciones temporales de la vida.

¿Qué es lo que te da esa perspectiva en la vida y te prepara para esa última transición? Tu relación con Dios. Esa vivencia con Él te cambiará la visión y te llevará a vivir con sentido de eternidad y seguridad acá en la tierra.

Cuando se vive en esa dimensión, las cosas que hoy te asustan, los negocios que te quitan el sueño, los cambios bruscos de la vida se ven pequeños, insignificantes, a la luz de la gran eternidad.

Cuando vives a la luz de la eternidad, valoras los cambios. Usarás
tu tiempo y tu dinero más sabiamente; pondrás tus relaciones
en un nuevo escalón y tu carácter por encima de la fama, la
riqueza o los logros. Tus prioridades serán reordenadas.

—Rick Warren

Deberíamos gastar toda nuestra vida como una simple jornada al cielo, y de esa manera subordinaríamos todas las preocupaciones de esta vida a esa realidad.

–Jonathan Edwards

¿Y qué experimentaremos en esa última transición? ¿Mejor casa? ¿Mejor sueldo? ¿Una buena posición? ¿Mayor reconocimiento? No, simplemente, no. Mucho más que eso:

Cosas que ojo no vio ni oído oyó, ni han subido al corazón del hombre, son las que Dios ha preparado para los que lo aman.

–1 Corintios 2:9 (RVR95)

Conozco a un hombre en Cristo, que hace catorce años (si en el cuerpo, no lo sé; si fuera del cuerpo, no lo sé; Dios lo sabe) fue arrebatado hasta el tercer cielo. Y conozco al tal hombre (si en el cuerpo, o fuera del cuerpo, no lo sé; Dios lo sabe), que fue arrebatado al paraíso, donde oyó palabras inefables que no le es dado al hombre expresar.

–2 Corintios 12:2-4

Esa última transición tendrá dos etapas. La primera, cuando vayas al cielo, impresionante transición; la segunda, cuando regreses a vivir en la tierra y el cielo y la tierra estén interconectados.

Dios hará una nueva tierra para habitar. Cielo y tierra no estarán más separados, sino que serán uno. Pensar en el cielo y no en la nueva tierra como un estado final de vida para los creyentes es realmente empobrecer la enseñanza bíblica acerca de la vida por venir.

—Anthony Hoekema

Pero nosotros esperamos, según sus promesas, cielos nuevos y tierra nueva, en los cuales mora la justicia.

—2 Pedro 3:13

Este mundo es nuestro hogar: Fuimos hechos para vivir acá. Aunque ha sido desvastado por el pecado, Dios planea hacerlo de nuevo. Por lo tanto, miremos con gozo nuestros cuerpos que serán restaurados para vivir en un cielo y en una tierra nueva. Dios sanará esta tierra para que sea lo que Dios intentó desde el principio.

—Paul Marshall

Porque he aquí que yo crearé nuevos cielos y nueva tierra; y de lo primero no habrá memoria, ni más vendrá al pensamiento.

—Isaías 65:17

Porque como los cielos nuevos y la nueva tierra que yo hago permanecerán delante de mí, dice Jehová, así permanecerá vuestra descendencia y vuestro nombre.

–Isaías 66:22

Preparemos nuestra vida para esa última transición y aceptemos las transiciones de hoy como una buena oportunidad para aprender la lección de Dios, la guía de su mano y la proyección de su Espíritu.

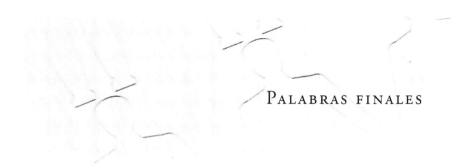
PESANDO LAS TRANSICIONES

Nelly se me acercó hace muchos años con signos de interrogación reflejados en su rostro.

—Pastor… ¿Cómo hago para conocer la voluntad de Dios para mi vida en medio de una transición? —me preguntó.

Le dije:

—¿Qué deseas conocer de la voluntad de Dios?

Me dijo:

—Por lo menos quiero saber si la voluntad de Dios para mí es casarme un día o quedarme soltera. Usted sabe pastor que ya tengo treinta y tres años y tengo miedo de quedarme soltera. Pero a la vez no sé si la voluntad de Dios es que no me case. Tengo además miedo de pedirle que me dé el esposo que Él quiera, no sea que me diga que es Julio. (Julio era un hermano soltero de cincuenta años que asistía a la misma iglesia).

Le mostré entonces la Escritura:

No se amolden al mundo actual, sino sean transformados mediante la renovación de su mente. Así podrán comprobar cuál es la voluntad de Dios, buena, agradable y perfecta.

—ROMANOS 12:2

Le dije:

—Mira acá las palabras claves de este versículo en relación a la voluntad de Dios. La primera es "amoldar", la segunda es "transformar", la tercera es "renovar" y la cuarta es "comprobar". Esta es la regla básica para conocer la voluntad de Dios en medio de las transiciones. Veamos cada una por separado y luego las podremos juntar en un hermoso ramillete de rosas que Dios tiene para ti.

La primera palabra es *amoldar*. Pablo dice: "En primer lugar si quieres conocer la voluntad de Dios no te amoldes. No te adaptes al molde del mundo actual. El molde de este sistema mundial no encaja en el molde divino". Muchas veces queremos conocer la voluntad de Dios, pero anhelamos que sea de acuerdo a la perspectiva de este mundo en el cual nos desenvolvemos, y no es así. Queremos forzar la voluntad de Dios para que encaje en nuestra corteza cerebral. Tratamos de reducir la voluntad de Dios a los límites escasos de nuestro cerebro. Pero la voluntad de Dios no es ni lógica ni lineal, a veces es como una espiral o remolino que desciende y que nos deja confundidos. Sentimos eso porque miramos los moldes de este sistema mundial donde nos desenvolvemos. Es un molde determinado por la influencia, la publicidad y la manera de ver y analizar las cosas que están en nuestro entorno. Por eso Jesús dijo a Pilato: "Mi reino no es de este mundo".

La mayoría de nosotros no sabemos a dónde estamos yendo, porque el molde de este mundo es estático no dinámico. No puedes vivir en fe y a la vez estar aburrido, porque la fe y el aburrimiento se contraponen. A veces queremos una transición pero copiada de la que recibió otro o modelos que imperan en el mundo.

La segunda palabra es *transformar*, que viene de la palabra griega *metamorpho*, de donde viene metamorfosis, el proceso de conversión de gusano a mariposa.

Nunca creí que pudiéramos transformar el mundo, pero creo
que todos los días se pueden transformar las cosas.

—Françoise Giroud

No solo se me pide que salga del molde de este sistema, sino que esté listo para entrar en el proceso doloroso de salir del capullo, donde mi mente y perspectiva pase por el proceso de gusano a bella y libre mariposa. Mientras estoy en la condición de gusano no puedo comprender los horizontes divinos reservados por el Padre para mí. Necesito desplegar las alas de mariposa para contemplar las flores y los horizontes infinitos. Ahí podré ver la inmensidad de la voluntad de Dios que me sorprende. En alas de mariposa seré llevado por el Espíritu Santo a lugares, regiones y paisajes jamás imaginados; comprenderé que la voluntad de Dios me sorprende, me desafía, me impulsa y me coloca en el borde del trampolín, para luego desafiarme a lanzarme en el vacío.

Así como el gusano experimenta dolor, toda transición en la vida produce dolor. La verdad es que no hay transición sin dolor. Ese proceso es doloroso, significa despedirme de algo cómodo, amado, esplendoroso, para entrar en un túnel hacia lo desconocido. Y es ahí donde muchos se quedan atascados, por miedo a lo desconocido. Pero, sin transformación no hay mariposa.

El verdadero heroísmo está en transformar los
deseos en realidades y las ideas en hechos.

—Alfonso Rodríguez Castelao

La tercera palabra es *renovar*, y acá está hablando de renovar la mente o el entendimiento, pero esto no viene sino como consecuencia de decidir salirme del molde de este mundo y luego aceptar la dolorosa etapa de la metamorfosis.

El verdadero progreso consiste en renovarse.

ALEJANDRO VINET

No es simplemente pensamiento positivo, porque se pueden tener pensamientos positivos sin tener transformación, sin metamorfosis. Eso no funciona para conocer la voluntad de Dios. Renovar el entendimiento significa permitir que la metamorfosis haga la transferencia de la mente de Cristo hacia nuestra mente limitada, y abrir las compuertas de la eternidad para que fluyan los ríos de agua viva contenidos dentro de nosotros. Sin duda, es la Palabra de Dios la que renueva la mente con la obra silenciosa del Espíritu Santo en nuestro interior. La transición de la vida realmente nos renueva.

La cuarta y última palabra clave es *comprobar*. La voluntad de Dios no se prueba, se comprueba a medida que él nos va conduciendo en el camino. A Abraham le dijo: "Vete de la casa de tu padre a una tierra que te mostraré". No le dijo "que te muestro ahora", sino en el camino, "mientras marchas te lo muestro". La voluntad de Dios es como firmar un contrato en blanco con Él. Te dice: "Fírmalo, y en el camino lo llenamos". ¿Estarías listo a firmar algo en blanco sin saber qué dirán las cláusulas? Con Dios, sí puedes.

Los contratos de Dios no tienen cláusulas con letras pequeñas.

Pablo dice: "Luego de salir del molde de este mundo, de aceptar el proceso doloroso de la metamorfosis y de dejar que el Espíritu renueve tu mente, podrás comprobar la voluntad de Dios que es *buena, agradable y perfecta.*

El problema nuestro es que queremos entender la voluntad de Dios primero y, según este pasaje, es lo último. El misterio de la voluntad de Dios no se puede revelar sin antes romper el molde, entrar en la transformación dolorosa y en la renovación del entendimiento, y es allí donde finalmente podremos comprobar que esa voluntad misteriosa de Dios es:

Buena: no traerá nada malo a mi vida, es la hermosura de lo bueno traducido, en última instancia, en excelente.

Agradable: porque tiene el gusto celestial, es el postre que Dios tiene reservado para quienes le aman y quieren vivir para él, donde todo lo demás pierde atractivo y seducción.

Y, finalmente, es *perfecta:* porque cada pieza encaja perfectamente, cada tornillo y arandela tiene su función, cada resorte amortigua los golpes de la vida y cada gota de aceite del Espíritu lubrica los engranajes perfectos de la mejor máquina inventada en la eternidad conocida como la voluntad de Dios.

Por esa razón es que María, la escogida de Dios para ser el vaso humano para la venida del Mesías, aceptó la voluntad de Dios con estas palabras:

–Aquí tienes a la sierva del Señor –contestó María–. Que él haga conmigo como me has dicho.

–Lucas 1:38 (NVI)

No entendió todo pero aceptó y, finalmente, lo comprobó porque no se acomodó al molde de su tiempo. Supo que tendría que entrar en el proceso doloroso de la metamorfosis, donde sería incomprendida, criticada, juzgada, pero que renovaría su mente para luego comprobar que esa voluntad divina era buena, agradable y perfecta.

Vamos, rompamos el molde; no retrocedamos ante el dolor de la transformación; liberemos nuestro entendimiento para que sea renovado por el Espíritu de Dios y saltemos la cerca del conformismo para poder comprobar que lo que parecía misterioso de la voluntad de Dios es bueno, agradable y perfecto.

Sé, sin embargo, que hay momentos en las transiciones en que se vacila entre dos aguas y dos corrientes; se ven cosas que cooperan y cosas que restringen para entrar en la transición. A continuación y, para concluir, te presento este cuadro que te ayudará a evaluar y comparar las fuerzas que cooperan y las que restringen para llevarlas en oración. Encontrarás dos columnas. Una es para que anotes las cosas que cooperan, las positivas, buenas, las que ganarás, adquirirás, te enriquecerán y te ampliarán si te lanzas desde el trampolín de la transición. Y en la segunda, las fuerzas que restringen; las cosas que parecen negativas, lo que perderás, lo que te debilitará, lo que arriesgarás o te estrechará si entras en la transición.

El cuadro de la transición

Escribe, donde dice transición, lo que te está desafiando: Nuevo empleo, mudanza, nuevo ministerio, decisión..., etc.

Transición:	
Fuerzas que cooperan	Fuerzas que restringen

Llevas estas dos listas en oración a Dios y deja que Él te hable, guíe y dirija. Recuerda que será después de la transición que comprobarás la voluntad de Dios que es buena, agradable y perfecta.

Te dejo uno de los versículos que más me han ayudado en mis

transiciones personales, se encuentra en Jeremías 29:11. Lo escribo en varias versiones para captar la mayor riqueza.

> Porque yo sé los pensamientos que tengo acerca de vosotros, dice Jehová, pensamientos de paz, y no de mal, para daros el fin que esperáis.
>
> –RVR60

> Porque yo sé muy bien los planes que tengo para ustedes –afirma el SEÑOR–, planes de bienestar y no de calamidad, a fin de darles un futuro y una esperanza.
>
> –NVI

> Pues yo sé los planes que tengo para ustedes –dice el SEÑOR–. Son planes para lo bueno y no para lo malo, para darles un futuro y una esperanza.
>
> –NUEVA TRADUCCIÓN VIVIENTE

Que Dios te ayude a realizar la mejor transición de tu vida. Nunca olvides que la vida es un libro y cada capítulo se inicia y se cierra para dar paso a uno nuevo.

Dr. Serafín Contreras Galeano.
MINISTERIO INTERDENOMINACIONAL RENUEVO DE PLENITUD

Esperamos que este libro haya sido de tu agrado.
Para información o comentarios puedes escribirnos a:

Ministerio Renuevo de Plenitud
Dr. Serafín Contreras Galeano

Correo:
Apartado Postal 0831-02227
Paitilla, Panamá
República de Panamá

Correo electrónico:
Serafin@contrerasg.com

Sitios web:
www.serafincontreras.com
www.renuevodeplenitud.com

Made in the USA
Middletown, DE
13 March 2017